AF283880

Mantenimiento eficiente de las instalaciones de suministro de agua y saneamiento en edificios

Francisco Javier Pozuelo Díaz

Mantenimiento eficiente de las instalaciones de suministro de agua y saneamiento en edificios
© Francisco Javier Pozuelo Díaz

1ª Edición

© IC Editorial, 2025

Editado por: IC Editorial
c/ Cueva de Viera, 2, Local 3
Centro Negocios CADI
29200 Antequera (Málaga)
Teléfono: 952 70 60 04
Fax: 952 84 55 03
Correo electrónico: iceditorial@iceditorial.com
Internet: www.iceditorial.com

ISBN: 978-84-1184-779-7
Depósito Legal: MA 677-2025

Impresión: PODiPrint
Impreso en Andalucía – España

Nota de la editorial: IC Editorial pertenece a Innovación y Cualificación S. L.

Presentación del manual

El **Certificado de Profesionalidad** es el instrumento de acreditación, en el ámbito de la Administración laboral, de las cualificaciones profesionales del Catálogo Nacional de Cualificaciones Profesionales adquiridas a través de procesos formativos o del proceso de reconocimiento de la experiencia laboral y de vías no formales de formación.

El elemento mínimo acreditable es la **Unidad de Competencia.** La suma de las acreditaciones de las unidades de competencia conforma la acreditación de la competencia general.

Una **Unidad de Competencia** se define como una agrupación de tareas productivas específica que realiza el profesional. Las diferentes unidades de competencia de un certificado de profesionalidad conforman la **Competencia General,** definiendo el conjunto de conocimientos y capacidades que permiten el ejercicio de una actividad profesional determinada.

Cada **Unidad de Competencia** lleva asociado un **Módulo Formativo,** donde se describe la formación necesaria para adquirir esa **Unidad de Competencia,** pudiendo dividirse en **Unidades Formativas.**

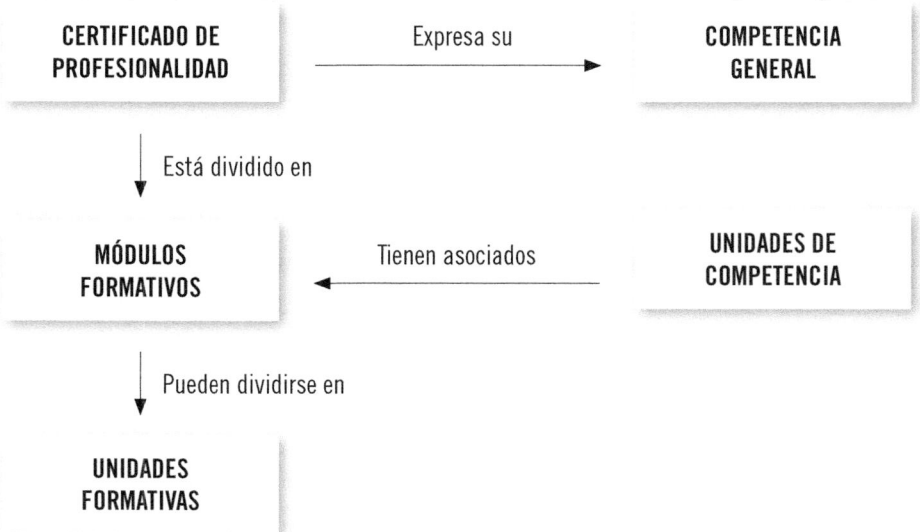

El presente manual desarrolla la Unidad Formativa **UF0573: Mantenimiento eficiente de las instalaciones de suministro de agua y saneamiento en edificios,**

perteneciente al Módulo Formativo **MF1196_3: Eficiencia en el uso del agua en edificios,**

asociado a la unidad de competencia **UC1196_3: Gestionar el uso eficiente del agua en edificación,**

del Certificado de Profesionalidad **Eficiencia energética de edificios.**

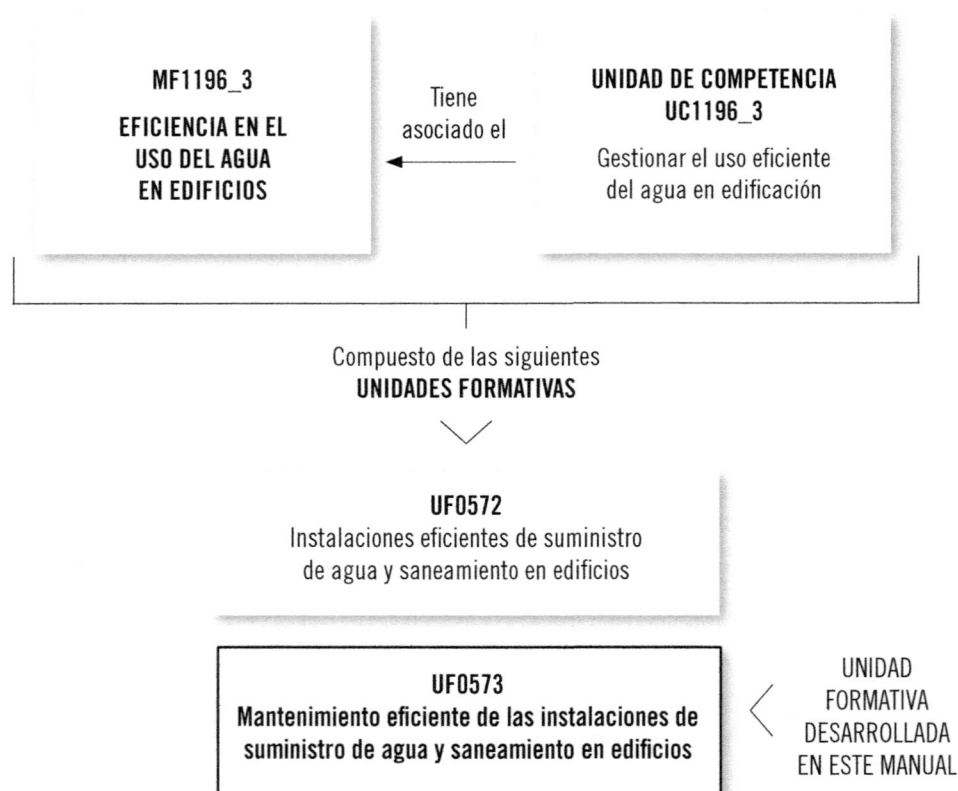

FICHA DE CERTIFICADO DE PROFESIONALIDAD

(ENAC0108) EFICIENCIA ENERGÉTICA DE EDIFICIOS (R. D. 643/2011, 9 de mayo)

COMPETENCIA GENERAL: Gestionar el uso eficiente de la energía, evaluando la eficiencia de las instalaciones de energía y agua en edificios, colaborando en el proceso de certificación energética de edificios, determinando la viabilidad de implantación de instalaciones solares, promocionando el uso eficiente de la energía y realizando propuestas de mejora, con la calidad exigida, cumpliendo la reglamentación vigente y en condiciones de seguridad.

Cualificación profesional de referencia	Unidades de competencia		Ocupaciones o puestos de trabajo relacionados:
ENA358_3 EFICIENCIA ENERGÉTICA DE EDIFICIOS (R. D. 1698/2007, de 14 de diciembre de 2007)	UC1194_3	Evaluar la eficiencia energética de las instalaciones de edificios.	• Gestor energético • Promotor de programas de eficiencia energética • Ayudante de procesos de certificación energética de edificios • Técnico de eficiencia energética de edificios
	UC1195_3	Colaborar en el proceso de certificación energética de edificios.	
	UC1196_3	Gestionar el uso eficiente del agua en edificación.	
	UC1197_3	Promover el uso eficiente de la energía.	
	UC0842_3	Determinar la viabilidad de proyectos de instalaciones solares.	

Correspondencia con el Catálogo Modular de Formación Profesional

Módulos certificado	Unidades formativas	Horas
MF1194_3: Evaluación de la eficiencia energética de las instalaciones en edificios	UF0565: Eficiencia energética en las instalaciones de calefacción y ACS en los edificios	90
	UF0566: Eficiencia energética en las instalaciones de climatización en los edificios	90
	UF0567: Eficiencia energética en las instalaciones de iluminación interior y alumbrado exterior	60
	UF0568: Mantenimiento y mejora de las instalaciones en los edificios	60
MF1195_3: Certificación energética de edificios	UF0569: Edificación y eficiencia energética en los edificios	90
	UF0570: Calificación energética de los edificios	60
	UF0571: Programas informáticos en eficiencia energética en edificios	90
	UF0572: Instalaciones eficientes de suministro de agua y saneamiento en edificios	60
MF1196_3: Eficiencia en el uso del agua en edificios	UF0573: Mantenimiento eficiente de las instalaciones de suministro de agua y saneamiento en edificios	40
MF1197_3: Promoción del uso eficiente de la energía en edificios		40
MF0842_3: Estudios de viabilidad de instalaciones solares	UF0212: Determinación del potencial solar	40
	UF0213: Necesidades energéticas y propuestas de instalaciones solares	80
MP0122 Módulo de prácticas profesionales no laborales		120

IV

Índice

Capítulo 1

Mantenimiento eficiente de las instalaciones de suministro de agua en edificios

Contenido

1. Introducción

Las reservas de agua dulce que existen en el mundo son de aproximadamente un 0,6 % del agua superficial total que hay en la Tierra, el resto está en forma de agua salada en los océanos y en glaciares y casquetes polares. Este dato a menudo pasa totalmente desapercibido para los habitantes de zonas no especialmente duras en cuanto a la disponibilidad de agua, como es el caso de España, pues a veces no se valora como se debería el bien material más preciado que existe en la Tierra, que es el agua.

En este capítulo se exponen algunas medidas que tienen como objetivo mejorar los procedimientos de mantenimiento que se llevan a cabo en instalaciones de suministro de agua de los edificios.

Para cumplir con este objetivo, se adoptan pautas de mantenimiento a aplicar en dichos sistemas con el objetivo de aumentar la eficiencia del funcionamiento y el consumo de agua de los mismos. Estas pautas están incluidas en los tres programas de mantenimiento previstos: preventivo, correctivo y de gestión energética.

Las tareas de mantenimiento preventivo se aplicarán de forma periódica y sistemática siguiendo las pautas que marca la legislación al respecto como guía de inicio.

Las tareas de mantenimiento correctivo van encaminadas a solucionar, en el menor tiempo posible, las averías o los fallos del sistema.

Las tareas de mantenimiento de gestión energética tienen como objetivo mejorar la eficiencia de los sistemas de suministro de agua potable de forma que se optimice el consumo de esta.

Como complemento de dichas medidas, se aportan al final del capítulo herramientas de gestión documental que permiten llevar un registro de control de las distintas operaciones que se ejecutan dentro de los distintos programas de mantenimiento.

2. Tipos de mantenimiento. Función y objetivos

En el mantenimiento de las instalaciones de suministro de agua de edificios se consideran tres tipos principales: mantenimiento preventivo, mantenimiento correctivo y mantenimiento de gestión energética.

En cualquier caso, con respecto al uso de las instalaciones, es importante recordar el contenido del artículo 16, de la Ley 38/1999, de 5 de noviembre, de Ordenación de la Edificación sobre los propietarios y los usuarios:

1. *Son obligaciones de los propietarios conservar en buen estado la edificación mediante un adecuado uso y mantenimiento, así como recibir, conservar y transmitir la documentación de la obra ejecutada y los seguros y garantías con que esta cuente.*

2. *Son obligaciones de los usuarios, sean o no propietarios, la utilización adecuada de los edificios o de parte de los mismos de conformidad con las instrucciones de uso y mantenimiento contenidas en la documentación de la obra ejecutada.*

El presente manual tendrá como referencias principales los tres tipos mencionados en primer lugar:

- Mantenimiento preventivo.
- Mantenimiento correctivo.
- Mantenimiento de gestión energética.

 Nota

Existe otro tipo de mantenimiento que también se debe aplicar en este tipo de instalaciones, el mantenimiento de carácter legal. No obstante, las labores de este último se integran en el programa de mantenimiento preventivo con objeto de realizar un mantenimiento integral.

2.1. Mantenimiento preventivo

Es el mantenimiento en el que se ejecutan las operaciones previamente programadas con el objetivo de minimizar la probabilidad del fallo, la degradación de los elementos o alargar la vida útil de estos.

Se caracteriza por la realización de carácter periódico de determinadas operaciones básicas. Consiste en una secuencia de operaciones a intervalos predeterminados o siguiendo unos criterios establecidos. El mantenimiento preventivo suele darse con carácter sistemático y a veces recibe ese nombre.

Ejemplo

Serían labores de mantenimiento preventivo: si se procede a comprobar cada 6 meses el estado de apertura y cierre de las válvulas de las tuberías de aspiración e impulsión de un equipo de bombeo.

2.2. Mantenimiento correctivo

Es el mantenimiento que se realiza después del reconocimiento de una avería y que está destinado a poner a un elemento en un estado similar al inicial o en el que pueda realizar una función requerida.

Normalmente, la detección de la avería se produce por el usuario de la instalación y, cuando se procede a su arreglo, el problema ya está muy avanzado y el deterioro puede llegar a tener unas dimensiones importantes. El mantenimiento correctivo se produce una vez presentada la avería, por tanto, no tiene una periodicidad concreta. Este tipo de mantenimiento aumenta su importancia en la medida que el preventivo es menor.

Ejemplo

Serían labores de mantenimiento correctivo: si se procede a reparar una fuga de agua por una rotura en una tubería de suministro de agua.

2.3. Mantenimiento de gestión energética

Mantenimiento que engloba una serie de operaciones relacionadas con la eficiencia y el ahorro en el consumo de agua. Debe tener un carácter preventivo y sistemático, aunque a veces puede ser correctivo o de sustitución.

Ejemplo

Serían labores de mantenimiento energético: la confección de gráficas de consumo de agua de la instalación, las cuales se hacen para ajustar caudales, presiones respecto a la demanda de agua y para decidir los momentos más apropiados en los que llevar a cabo las tareas de mantenimiento de los diferentes elementos de la instalación.

2.4. Mantenimiento de carácter técnico legal

Es un tipo de mantenimiento preventivo obligatorio originado por los preceptos legislativos sobre seguridad de equipos e instalaciones, los cuales obligan a realizar determinadas tareas de forma periódica por personal acreditado ajeno a la instalación. Cada equipo o instalación que requiere mantenimiento legal debe llevar asociado un protocolo que indique la periodicidad de las revisiones y los elementos que deben ser revisados o sustituidos periódicamente. Al final de cada revisión debe extenderse un certificado donde se indique el nombre de la empresa que ha realizado la inspección y el resultado de la misma.

Ejemplo

Si se procede a abrir y cerrar el hidrante de una instalación de protección contra incendios de un local, por ejemplo, un taller, comprobando el funcionamiento correcto de la válvula principal y del sistema de drenaje cada 6 meses, se considerará una acción de mantenimiento legal porque así lo indica el Real Decreto 513/2017, de 22 de mayo, por el que se aprueba el Reglamento de instalaciones de protección contra incendios.

Actividades

1. ¿Qué tipos de mantenimiento conocía antes de estudiar el apartado anterior?

3. Mantenimiento preventivo

Este tipo de mantenimiento requiere de una mayor organización debido, principalmente, a la necesidad de contabilizar todas las instalaciones objeto de mantenimiento, teniendo claras las revisiones a realizar, el tiempo que ocupa cada una de ellas y su periodicidad.

El Código Técnico de la Edificación (CTE) es el marco normativo nacional español que establece las exigencias que deben cumplir los edificios en relación con los requisitos básicos de seguridad y habitabilidad establecidos en la Ley 38/1999, de 5 de noviembre, de Ordenación de la Edificación (LOE), concretamente en la sección 4 sobre suministro de agua (HS-4) perteneciente al Documento Básico de Salubridad (DB HS) de dicho código. Es aquí donde se indican las directrices a llevar a cabo sobre mantenimiento preventivo en instalaciones de suministro interior de agua en edificios, que serán el punto de partida de este manual.

Importante

El mantenimiento preventivo nace en un diseño eficiente, con recorridos mínimos, con el menor número de giros en tuberías, con elementos bien dimensionados, con materiales adecuados y con accesibilidad a estos para facilitar las labores de inspección y mantenimiento.

Es por ello por lo que el CTE hace mención a estos aspectos en las indicaciones sobre mantenimiento, aunque no define claramente cuáles son las labores a realizar, exceptuando las que se indican en la normativa existente sobre prevención de legionela, las cuales serán de obligado cumplimiento. De esta forma, como preludio a este apartado, se indica que las operaciones de mantenimiento específicamente definidas en su forma y periodicidad son las que se establecen en el Real Decreto 487/2022, de 21 de junio, por el que se establecen los requisitos sanitarios para la prevención y el control de la legionelosis. El resto de instrucciones que se aportan sobre mantenimiento preventivo se pueden catalogar como medidas que nacen fruto de la experiencia profesional y de algunas recomendaciones sobre mantenimiento preventivo procedentes de guías de mantenimiento editadas por diversas comunidades autónomas españolas, así como por normativas específicas como el Real Decreto 809/2021, de 21 de septiembre, por el que se aprueba el Reglamento de equipos a presión y sus instrucciones técnicas complementarias.

3.1. Programa de mantenimiento preventivo

El programa de mantenimiento define los métodos y los procedimientos que habrán de aplicarse para la organización de la propia actividad de mantenimiento. Este programa deberá ser incluido en el manual de uso y mantenimiento, que formará parte del libro del edificio.

Definición

Libro del edificio
Es el compendio de documentación gráfica y escrita que constituyen las instrucciones de uso y mantenimiento, así como el archivo y el registro del historial de operaciones de mantenimiento e incidencias técnicas, jurídicas y administrativas del edificio.

Desde la entrada en vigor de la LOE, de la que nace el Código Técnico de la Edificación, es de obligado cumplimiento que el promotor de la obra haga entrega de una copia del libro del edificio a cada propietario de la vivienda o comunidad de propietarios, según sea. Por tanto, el libro del edificio contendrá las instrucciones de uso y mantenimiento del edificio terminado, de conformidad con lo establecido en este CTE y demás normativa aplicable, incluyendo un plan de mantenimiento del edificio con la planificación de las operaciones programadas para el edificio y sus instalaciones. Contendrá también un modelo de registro de las operaciones de mantenimiento.

Elaboración del programa de mantenimiento preventivo

Los pasos a seguir para la confección del programa de mantenimiento son los siguientes:

- Recopilar toda la documentación técnica de la instalación y contrastarla con lo que hay realmente en el edificio.
- Realizar un inventario de los equipos y elementos de la instalación en general.
- Confeccionar y rellenar las fichas técnicas específicas de cada uno de los elementos y equipos con toda la información anterior y los historiales a los que se tenga acceso de cada equipo e instalación.
- El análisis de todos los datos anteriores arrojará un informe previo que reflejará el estado operativo y las condiciones de disponibilidad de los elementos y los equipos de la instalación.

■ Una vez obtenida toda esta información se establecen los protocolos de revisión de cada elemento de la instalación y se programarán las tareas a realizar. Estos protocolos de mantenimiento deberán complementarse con las indicaciones de mantenimiento técnico-legal de cada elemento de la instalación que así lo demande, así como con los posibles manuales de mantenimiento que aporten los fabricantes para ciertos equipos.

A modo de esquema se exponen a continuación los pasos para ejecutar el programa preventivo:

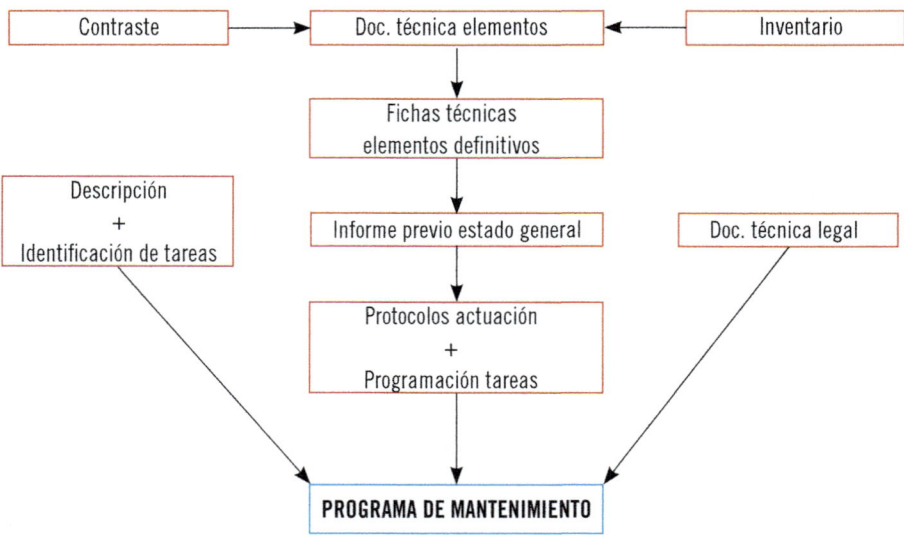

De esta manera, con todos los pasos ejecutados, quedará definido el programa de mantenimiento, donde se definen e identifican los elementos a mantener, las tareas de mantenimiento previstas y la programación temporal de estas.

Programa de mantenimiento preventivo para una instalación de suministro de agua fría

Las bases de partida para la elaboración del programa preventivo serán las indicaciones del CTE a tal efecto. En dicho programa se pueden incluir indicaciones complementarias importantes para la realización de la tarea prevista como puede ser: quién realiza la tarea, si es personal propio o externo subcontratado y si es necesaria la parada del equipo o instalación para realizar dicho mantenimiento.

Definición

Red de suministro de agua fría de un edificio
Comprende el conjunto de elementos de un edificio que tiene como objetivo distribuir el agua potable por el interior del mismo.

A continuación se detallan e identifican todos los componentes de una instalación de suministro de agua fría y un modelo de programa preventivo para cada uno de los componentes, donde se exponen las tareas de mantenimiento previstas y la programación de estas.

La red de suministro de agua del edificio estará compuesta, básicamente, por los siguientes elementos: acometida, contadores, conducciones, llaves de paso y valvulería en general, depósitos, grupos de presión y red de protección contra incendios. La representación de los diferentes elementos de la instalación sobre plano se realiza teniendo en cuenta una leyenda o simbología; o, que puede ser normalizada o no, el CTE propone una simbología definida que se muestra en el anexo I. A continuación se expone un plano de sección transversal de una instalación de suministro de agua.

Plano que contiene una sección de un edificio donde se aprecian la tubería de acometida, la tubería de alimentación, los contadores y las conducciones comunitarias, también llamadas columnas o montantes

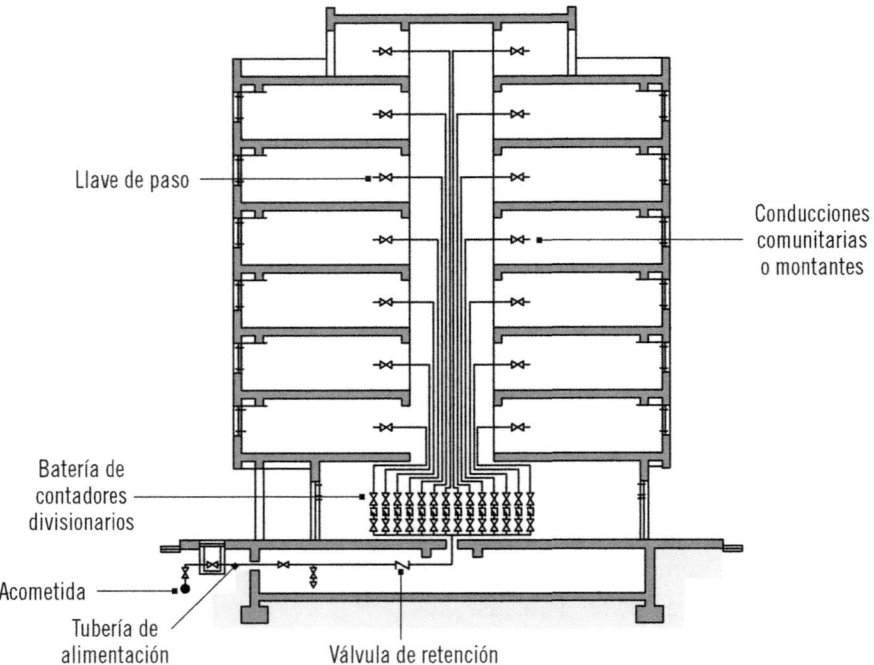

Acometidas

La conexión entre la red de abastecimiento o red de distribución general con la red de suministro domiciliaria o interior se llama **acometida,** comprendiendo los siguientes elementos: ramal de red de distribución general, dispositivo de toma sobre ramal, ramal de acometida y llave de registro.

Nota

Los reglamentos que rigen en España las características de los abastecimientos domiciliarios, en general, indican que la llave de registro de la acometida es el elemento diferenciador entre la entidad suministradora y el abonado en lo que respecta a la conservación y la delimitación de responsabilidades.

De la llave de registro sale otro ramal denominado **tubo de conexión** o **tubo de alimentación.** Dicho tubo se dirige hacia los contadores, colocándose normalmente una segunda llave de corte y de registro una vez el tubo se adentra en la zona interior del edificio. En la siguiente imagen se puede apreciar un esquema tipo de acometida de abastecimiento.

Esquema de acometida

Límite de propiedad privada

Rasante de pavimento

Tubo de conexión

Llave de registro

Ramal de acometida

Dispositivo de toma en carga

0,50

Acometida

Ramal de distribución general

Contadores

Las compañías de abastecimiento de agua necesitan llevar un control y registro del consumo hídrico de cada abonado a dicho servicio para emitir las correspondientes facturas. Con este objetivo se instalan los llamados **contadores.** Existen dos tipos principales tal y como marca el CTE:

- Si la acometida abastece a un solo abonado se coloca un solo contador que se denominará **contador general.**
- Si la acometida abastece a varios abonados dentro de un mismo edificio se deben instalar tantos contadores como abonados diferentes existan en el inmueble y son llamados **contadores divisionarios.**

Contadores generales

En una instalación con contador general, este se encontrará en un armario o una arqueta que contendrá, dispuestos en este orden, los elementos que se exponen en la siguiente imagen:

Esquema del suministro de agua mediante contador general

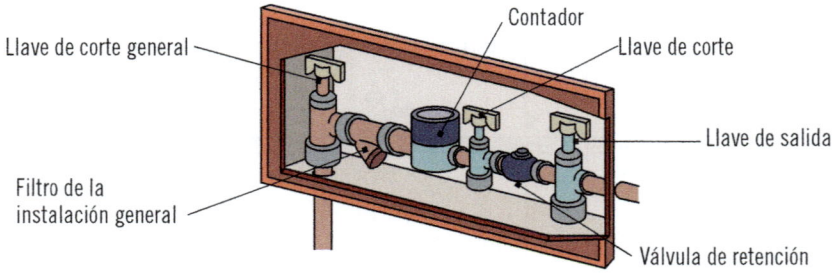

Contadores divisionarios

Pueden ser centralizados o aislados, estando en desuso esta última disposición, la cual se instala, por ejemplo, en edificaciones de uso turístico, en los que se quiere contabilizar individualmente y de forma interna el consumo de agua de cada dependencia. La tipología actualmente más usada en edificación es la de contadores divisionarios centralizados, cuya disposición se realiza en forma de batería de contadores. Tal y como se indica en la siguiente imagen, y según prescripciones del CTE, los contadores divisionarios centralizados del edificio se encontrarán en un armario que contendrá, dispuestos en ese orden, los siguientes elementos:

Esquema del suministro de agua. Batería de contadores divisionarios centralizados

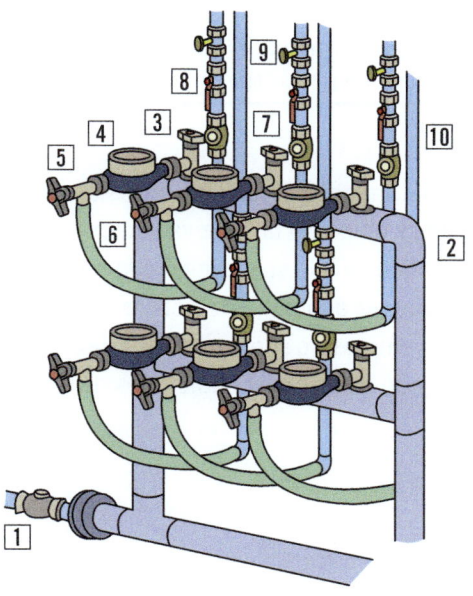

1. Válvula de retención
2. Batería de contadores
3. Llave de entrada a contador divisionario
4. Contador divisionario
5. Llave de salida con dispositivo antirretorno
6. Tubería flexible
7. Válvula de retención
8. Llave de corte para mantenimiento
9. Llave de corte con grifo de vaciado
10. Tubería ascendente o montante

Nota

Aún existe un parque de contadores en muchas instalaciones antiguas que poseen tipologías y características que pueden diferir bastante de lo que actualmente se instala y se expone en este manual.

El programa de mantenimiento previsto para los contadores y las acometidas es el que se expone en la siguiente tabla:

PROGRAMA DE MANTENIMIENTO DE ACOMETIDAS Y CONTADORES

Código	Frec.	Operación
1	ANUAL	Limpieza de las arquetas al final del verano. Limpieza y chequeo del funcionamiento de apertura y cierre de las llaves y chequeo generalizado de la instalación. En caso de sospechas de alguna patología se procederá a la reparación o la sustitución de los elementos dañados.

El mantenimiento a realizar en esta zona de la instalación debe ceñirse, en principio, a la observación del estado general y a garantizar su funcionalidad y a la sustitución o la reparación de los elementos dañados. Cualquier anomalía detectada deberá ser comunicada lo antes posible a la empresa o servicio de abastecimiento por ser una zona crítica que puede alterar las condiciones de suministro de la red general.

 Importante

Los reglamentos que rigen en España condiciones del suministro de agua en los domicilios, en general, establecen que el abonado o usuario no debe poder manipular el contador o aparato de medida, ni conectar tomas o hacer derivaciones antes del contador, sin permiso expreso de la entidad suministradora, como indica, por ejemplo, el Decreto 120/1991, de 11 de junio, por el que se aprueba el Reglamento del Suministro Domiciliario de Agua de la Junta de Andalucía.

Conducciones

El conjunto de tuberías que conduce el agua procedente de la red general desde la acometida hasta los usuarios se llama **red de suministro interior,** la cual debe contar, al menos, con los siguientes elementos:

Instalación general:

- Distribuidor principal o tubo de alimentación: es la tubería de mayor diámetro de la instalación de suministro que parte de la acometida y distribuye el agua hasta la base de las columnas o montantes, o hasta la batería de contadores.
- Columnas o montantes: las tuberías que discurren desde el distribuidor principal hasta las derivaciones particulares.

Instalación particular:

- Distribuidores o derivaciones particulares: son las tuberías horizontales que parten de las columnas o montantes hasta el interior de la vivienda o local del abonado, llevando el agua a todos los puntos de consumo interiores. La llave de paso de la vivienda marca el límite de la instalación general o comunitaria.
- Ramales de enlace: las tuberías que llevan el agua desde las derivaciones particulares hasta los puntos de consumo
- Puntos de consumo: aparatos donde se usa el agua, tales como sanitarios, fregaderos, etc.

Existen dos tipos principales de materiales de tuberías:

- **Tuberías plásticas:** pueden estar compuestas por cloruro de polivinilo (PVC), polietileno (PE40 o de baja densidad y PE80-PE100 o de alta densidad), polipropileno (PP) y polibutileno (PB).
- **Tuberías metálicas:** pueden ser de acero galvanizado, acero inoxidable, acero al carbono y cobre.

Actividades

2. Investigar sobre la normativa técnica existente en España de cada tipo de material de tubería.

En la imagen siguiente se observa una sección en alzado tipo esquemática de un edificio en la que se aprecia una instalación de suministro donde aparecen los diferentes elementos de la instalación general y particular.

Esquema general de tuberías de suministro

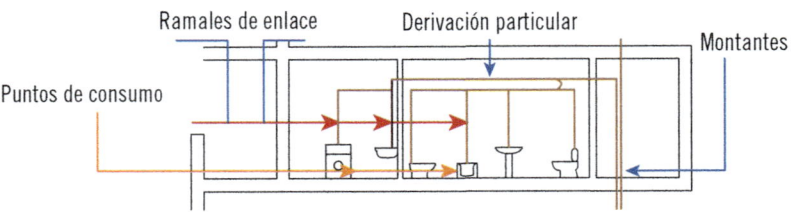

La alteración del régimen del flujo normal de agua que se produce en las conducciones a causa de los cierres y las paradas bruscas de los grifos o llaves y las bombas respectivamente, así como por la entrada de aire en las tuberías, provoca unos efectos denominados **de régimen transitorios:** tanto el golpe de ariete (sobrepresión en la tubería), como las succiones (depresión interna de la tubería), los cuales pueden ser muy perjudiciales para la instalación. Para minimizar las consecuencias de los fenómenos de régimen transitorios, se colocan elementos que los contrarresten, como pueden ser los calderines, que introducen o admiten agua en la instalación, actuando como amortiguadores de la misma, y las ventosas y los dispositivos de purga de aire de las tuberías a presión, que se suelen colocar en puntos altos de la conducción y también contribuyen a minimizar los efectos del régimen transitorio, ya que permiten expulsar e introducir aire en la tubería si fuese necesario.

Actividades

3. ¿Cuáles son los hitos más importantes a realizar para obtener un buen programa de mantenimiento preventivo?

Llaves de paso y valvulería en general

Los elementos que aquí se incluyen se intercalan en las conducciones. Entre los más importantes de este grupo, se pueden incluir los siguientes:

▌**Llaves de paso:** su accionamiento permite cortar el suministro de agua a un punto de consumo o aislar una zona determinada. Suelen ser válvulas de bola, compuerta o mariposa.

▌**Válvulas de retención:** son válvulas que permiten el paso del flujo del agua en una sola dirección e impiden el retroceso del agua en sentido contrario.

▌**Válvulas reguladoras de presión:** se instalan en aquellos puntos donde la presión no es constante o donde el aparato instalado en el punto de consumo requiere una presión de funcionamiento diferente del resto de la red o admite menos variaciones.

Tipos de válvulas, ventosa y purgadores

Mariposa   Compuerta

Bola y mecanismo de expulsión y aducción de aire   Ventosa   Purgador

El programa de mantenimiento preventivo previsto para las conducciones y la valvulería se puede observar en la siguiente tabla:

PROGRAMA DE MANTENIMIENTO DE CONDUCCIONES Y VALVULERÍA

Código	Frec.	Operación
1	ANUAL	Realizar un chequeo generalizado de la instalación; en caso de sospechas de alguna patología tipo corrosión o incrustación, se deberá llevar a cabo una prueba de presión y estanqueidad. Vigilar: - Corrosiones, aparición de fugas de agua y aislamiento. - Soportes de las tuberías. - Posibles deformaciones por cambios de temperatura. - Ausencia de golpes de ariete. - Funcionamiento correcto de la llave de seguridad y de la valvulería en general.

Depósitos

En algunos edificios se dispone de tanques de acumulación de agua potable para asegurar el suministro o como elemento de almacenamiento y regulación anexo a un grupo de presión.

La programación del mantenimiento de los depósitos, según los preceptos del CTE, está íntimamente relacionada con las medidas sanitarias de prevención que establece el Real Decreto 487/2022, de 21 de junio, por el que se establecen los requisitos sanitarios para la prevención y el control de la legionelosis, así como con las propiamente necesarias de estas instalaciones desde el punto de vista técnico.

PROGRAMA PREVENTIVO DEPÓSITOS

Código	Frecuencia	Operación
1	TRIMESTRAL	Revisión del estado de conservación y limpieza.

PROGRAMA PREVENTIVO DEPÓSITOS

Código	Frecuencia	Operación
2	SEMESTRAL	Limpieza y desinfección.
3	ANUAL	Chequeo generalizado de la instalación.

 Nota

La frecuencia que marca el Real Decreto 487/2022 para la limpieza de los depósitos es anual; no obstante, se propone que se haga de forma semestral, pues la experiencia así lo indica. Aunque queda a merced del técnico decidir la periodicidad.

Grupos de presión

Los grupos de presión se colocan en aquellas instalaciones donde no se dispone de presión suficiente para que el agua pueda llegar a todas las plantas del edificio, en las que la presión de la red no es uniforme y en instalaciones donde se requiere una presión superior a la normal, como por ejemplo en grandes superficies o en sistemas de protección contra incendios.

Los grupos de presión constan de un depósito auxiliar de donde aspira el agua, el grupo motobomba, el cuadro eléctrico y un depósito presurizado antiariete. Los parámetros que caracterizan a un grupo de presión son: caudal, altura manométrica (presión que transmite la bomba) y volumen de los depósitos auxiliares.

Sección de una bomba centrífuga

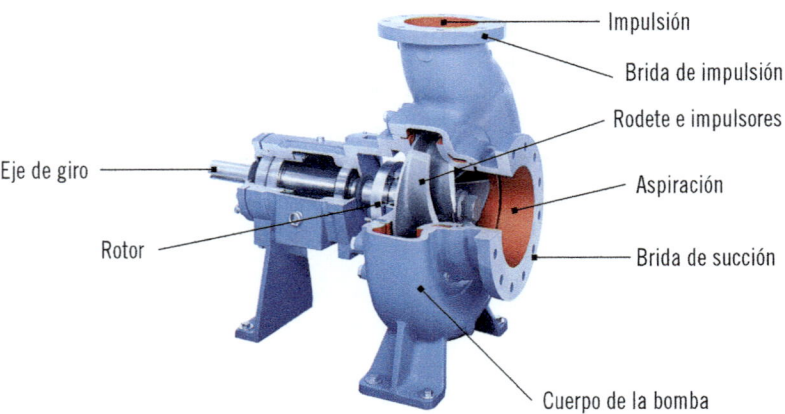

El funcionamiento de una bomba centrífuga se produce por la acción de la fuerza centrífuga, que provoca una succión en la tubería de aspiración y una impulsión en la tubería del mismo nombre.

Los datos que caracterizan a una bomba centrífuga son:

- **Caudal** que debe aportar la bomba medido en litros por minuto (l/min) o litros por hora (l/h).
- **Altura manométrica:** presión o carga que ha de proporcionar la bomba para que el agua llegue a su punto de destino con la presión y el caudal requeridos. Se mide en metros de columna de agua (mca), bares (bar) o kilogramos fuerza por cm^2 (kgf/cm^2).
- **Régimen de revoluciones del motor:** velocidad de giro de diseño de la bomba. Dependiendo de esta, las condiciones de trabajo se ven alteradas.

Instalación de suministro con depósito, equipo de desinfección y grupo de bombeo

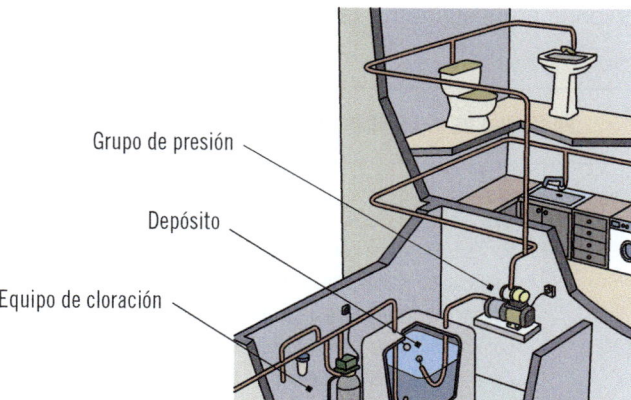

Grupo de presión

Depósito

Equipo de cloración

A continuación, se exponen algunos términos importantes relacionados con las bombas y su funcionamiento:

▌ **Eje:** el motor está conectado con la bomba a través de un eje que mantiene los dos elementos a la misma altura y que permite el aprovechamiento de la fuerza giratoria del motor para transmitirla a la bomba.

▌ **Rodete:** elemento giratorio compuesto de álabes que transmite, mediante la fuerza centrífuga, la energía para ser impulsada al exterior.

▌ **Cojinetes:** elementos que permiten el rodamiento sin fricción entre dos partes que deben estar en contacto para el correcto funcionamiento de la bomba.

▌ **Prensaestopas:** elementos que se encargan de eliminar fugas de líquidos en la bomba e impedir la entrada de aire a los espacios de aspiración.

▌ **Anclajes:** elementos que permiten la sujeción del grupo motor-bomba debido a las vibraciones que el normal funcionamiento de este produce.

▌ **Presostato:** dispositivo encargado de accionar y regular el funcionamiento, parando y accionando la bomba entre dos valores prefijados de presión.

El programa de mantenimiento previsto para los grupos de presión es el que se expone en la siguiente tabla:

PROGRAMA DE MANTENIMIENTO DE GRUPOS DE PRESIÓN

Código	Frecuencia	Operación
1	1 MES	- Verificar el estado general y la ausencia de fugas. - Lubricación de cojinetes o cada 500 horas de funcionamiento. - Alineación del grupo, estado de anclajes y antivibratorios. - Comprobación de cuadro eléctrico y manómetros, presiones de arranque/parada, alternancia de bombas, poniendo en funcionamiento la de reserva. - Ausencia de ruidos extraños y calentamientos anormales.
2	1 AÑO	Comprobar: - Desgaste de cojinetes, desgaste de partes internas. - Funcionamiento del grupo de presión: ruidos anómalos, falta de presión en puntos de consumo o ausencia de movimiento en manómetros y funcionamiento del presostato. - Chequeo correcto del régimen de revoluciones del motor o motores. - Ausencia de humedades, correcto conexionado eléctrico y revisión del aislamiento motor entre fases y tierra. - Estado del depósito de aspiración, estado de valvulería completo, estado del calderín, en su caso, o de los elementos antiariete. - Estado de pinturas y oxidación
3	5 AÑOS	Comprobar: - Conducciones auxiliares de la bomba.
4	12 AÑOS	Inspección reglamentaria obligatoria: - Prueba reglamentaria del calderín según el Real Decreto 809/2021, de 12 de diciembre, por el que se aprueba el Reglamento de equipos a presión y sus instrucciones técnicas complementarias.

Actividades

4. Investigar si existen golpes de ariete en la instalación de suministro que mejor se conozca.

Instalaciones de protección contra incendios

El CTE indica en el DB SI: Seguridad en caso de incendio que:

1. *[...] El diseño, la ejecución, la puesta en funcionamiento y el mantenimiento las instalaciones de protección contra incendios, así como sus materiales, componentes y equipos, deben cumplir lo establecido en el Reglamento de Instalaciones de Protección contra Incendios [...].*

El Real Decreto 513/2017, de 22 de mayo, por el que se aprueba el Reglamento de instalaciones de protección contra incendios, indica que:

- Las características y las especificaciones de los sistemas de abastecimiento de agua contra incendios se ajustarán a lo establecido en la Norma UNE 23.500 española: sistemas de abastecimiento de agua contra incendios.
- Las instalaciones de protección contra incendios se someterán al programa mínimo de mantenimiento que se establece en el citado real decreto.
- En cualquier caso, todos los agentes implicados en el mantenimiento de la instalación (usuario y mantenedor) mantendrán verificación documental de registro del programa preventivo y de su cumplimiento. La documentación deberá estar actualizada y a disposición de los servicios de inspección competentes de la comunidad autónoma que corresponda.

3.2. Contabilización de consumos

La cuantificación y el control de consumo de agua potable realizado por los abonados se lleva a cabo con los contadores que se instalan en la red de suministro del edificio.

Tipología de contadores

Los tipos más utilizados en las instalaciones de suministro en edificios son los siguientes:

- De velocidad.
- De volumen.
- Digitales.

Contadores de velocidad

Son los contadores más usados en los edificios de viviendas. En este tipo de contadores la velocidad del agua es la base del funcionamiento de los mismos. Llevan incorporados unas paletas, hélices o turbinas que giran a mayor o menor velocidad con el paso del agua y que transmiten, a través de engranajes, movimiento a una esfera que contabiliza y muestra el consumo de agua.

Detalle del contador de velocidad y esquema de funcionamiento

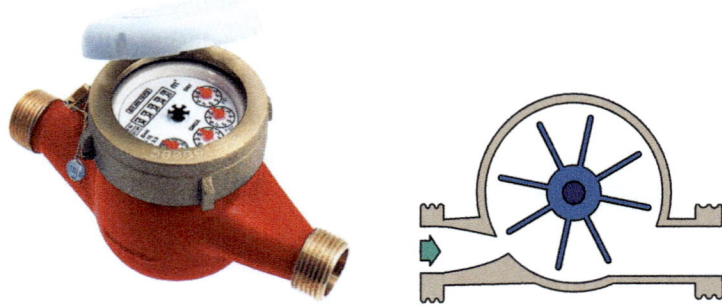

Contadores de volumen

Los contadores volumétricos marcan el consumo de agua a través de la medición directa del número de veces que una cámara o recipiente interno se llena.

Detalle del contorno de velocidad y esquema de funcionamiento

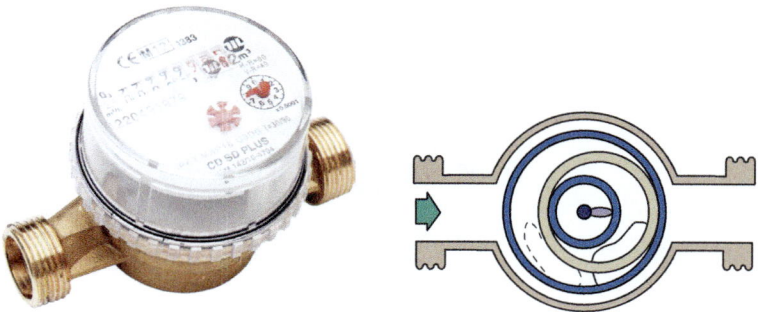

Contadores digitales

Los contadores digitales permiten a la compañía suministradora el telecontrol de la medición del consumo. Para ello, si se van a usar en los contadores divisionarios, es necesario, tal y como indica el CTE, que estos cuenten con una preinstalación que permita la conexión para el envío de señales para lectura a distancia del contador.

Detalle del contador digital

Lectura de los contadores

El volumen que pasa a través del contador se refleja, en los contadores no digitales, en metros cúbicos y en submúltiplos en dos tipos de esferas:

- **Esferas de lecturas parciales:** las cuales dan lecturas independientes unas de otras que sumadas todas arrojan el volumen completo. Estos contadores ya no se instalan pero aún existen muchos de ellos colocados.

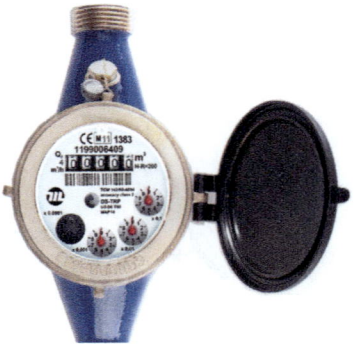

Contador de lecturas parciales

La forma de medir en estos contadores es la siguiente: la lectura principal que aparece en el contador suele ser en metros cúbicos (m³) y las lecturas complementarias suelen ser submúltiplos de metro cúbico. Para obtener estas medidas complementarias cada esfera indica el nivel de medida que aporta, si es décima, centésima, milésima o diezmilésima de m³. En donde:

- 1 décima de m³ = 0,1 m³.
- 1 centésima de m³ = 0,01 m³.
- 1 milésima de m³ = 0,001 m³.
- 1 diezmilésima de m³ = 0,0001 m³.

- **Esferas de lecturas directas:** son las más usuales y es el tipo que llevan los contadores modernos, las cuales marcan el consumo directamente en m³.

Contador de lectura directa

Actividades

5. Analizar los tipos de contadores que existen en el edificio donde se vive o donde se acude con frecuencia. Intentar averiguar cómo se registra la medida.

Aplicación práctica

Suponga que es el responsable de realizar la contabilización de consumos en los contadores de los edificios que reciben el agua de la empresa de abastecimiento donde trabaja. Realiza una visita y se encuentra con este antiguo contador. ¿Qué medida exacta marca el contador teniendo encuentra todos los registros disponibles a su alcance?

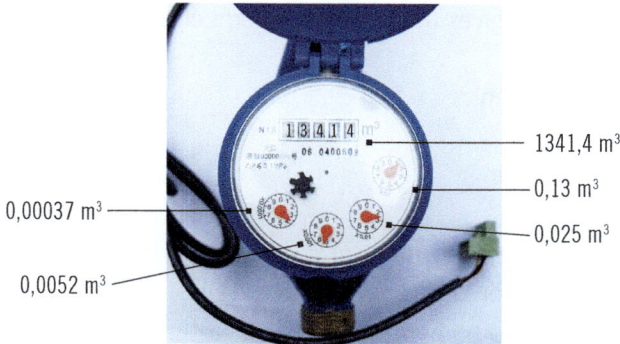

0,00037 m³

0,0052 m³

1341,4 m³

0,13 m³

0,025 m³

SOLUCIÓN

ESFERA	MEDIDA	RESULTADO	
Principal	13.414	13.414	m³
1	13 x 0,01	0,13	m³
2	25 x 0,001	0,25	m³

Continúa en página siguiente >>

<< Viene de página anterior

ESFERA	MEDIDA	RESULTADO	
3	14 x 0,0001	0,0014	m³
	TOTAL	13.414,3814	m³

3.3. Operaciones de mantenimiento de las instalaciones

A continuación se expone un protocolo de actuación, donde se describen las operaciones contenidas en el programa de mantenimiento preventivo de la red de suministro de agua fría, agrupadas de la siguiente forma:

- Acometidas y contadores.
- Conducciones, llaves de paso y valvulería en general.
- Depósitos.
- Grupos de presión.

Acometidas y contadores

Se recomienda una apertura y un cierre de llaves anualmente para evitar efectos no deseados como agarrotamientos de los mecanismos y sedimentaciones no deseadas que no permitan efectuar las maniobras con normalidad.

Recuerde

El mantenimiento a realizar compete a la compañía de suministro, el usuario o técnico especialista contratado por esta se debe limitar a la observación y el chequeo de la instalación y su funcionalidad, así como a mantener limpia y en buen estado la arqueta donde se encuentre el contador.

Conducciones, llaves de paso y valvulería en general

Las operaciones de mantenimiento preventivo a realizar en las conducciones se ciñen principalmente a la vigilancia de la instalación y su funcionamiento, atendiendo fundamentalmente a los siguientes aspectos más importantes.

Vigilar las posibles incrustaciones

Las incrustaciones se producen por efecto de las sales disueltas, que pueden provocar precipitados. El principal problema es la reducción del diámetro interno de la tubería, que puede llegar incluso a taponar por completo el paso del agua.

Para prevenir estos fenómenos se pueden utilizar descalcificadores de tipo químico o eléctrico.

Tubería de PVC con incrustaciones minerales

 Importante

Es fundamental conocer las características iónicas del agua para prevenir incrustaciones y, en general, para el correcto funcionamiento del conjunto de la instalación. Una de las características más importantes es la dureza del agua, que refleja la concentración iónica

Continúa en página siguiente >>

<< Viene de página anterior

de cal que contiene el agua. Se puede medir en grados franceses (°fH) cuya clasificación según su dureza, según la OMS es la siguiente:

Tipos de agua	mg/l	°fH
Agua blanda	≤ 60	≤ 6,0
Agua moderadamente dura	60 – 120	6,0 – 12,0
Agua dura	120 – 180	12,0 – 18,0
Agua muy dura	> 180	> 18,0

Vigilar las posibles corrosiones

Los fenómenos de corrosión son procesos electroquímicos que pueden estar originados por las características químicas del agua o por condiciones del exterior de la tubería: ambiente del aire, morteros de elementos constructivos, humedades, e incluso del propio terreno. Suelen estar condicionados por el tipo de material del que esté construida la tubería y por la asociación de diferentes materiales en un tramo de esta.

Tubería con fenómenos de corrosión interior

Existen mecanismos de prevención de la corrosión, como son:

▌ Aislamientos plásticos, de resinas *epoxy,* de tipo bituminoso y coquillas.
▌ Utilización de materiales como el acero inoxidable.
▌ Realizar un análisis de concentración iónica del agua. A tal efecto, el CTE, en el punto 6.3 de la sección HS-4 Suministro de Agua, expone una serie de incompatibilidades de asociación entre los distintos materiales y entre materiales y el agua, según las características de esta.
▌ Acoplamiento de juntas o manguitos antielectrolíticos para aislar eléctricamente una tubería.

Ejemplo

Un caso típico de corrosión es la de tipo galvánico, que se origina por la diferencia de potencial electroquímico entre dos metales diferentes que están en contacto entre sí por un conductor electroquímico como puede ser el agua transportada y provoca que uno de los dos metales (el de menor valor potencial) se vea afectado por la corrosión mientras que el otro permanece intacto (el de mayor valor potencial).

Por esta razón, se debe evitar unir elementos de diferente potencial electroquímico, excepto cuando según el sentido del agua se instale primero el de menor valor, como por ejemplo entre acero galvanizado (menor) y cobre (mayor).

Asociación de cobre y acero en tuberías de agua potable

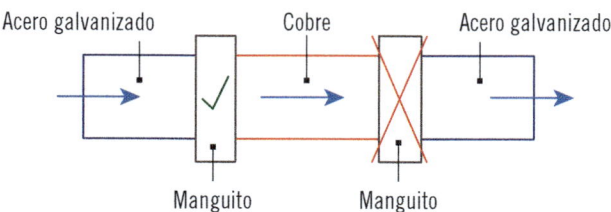

Deformaciones por cambios de temperatura

Las tuberías sufren dilataciones y contracciones por los cambios de
temperatura a los que se ven sometidas, por eso es importante revisar el
buen estado de los aislamientos térmicos, así como de los dispositivos
compensadores de dilatación.

**Fijado correcto de tuberías a paramento vertical
con brazo elástico compensador de dilatación**

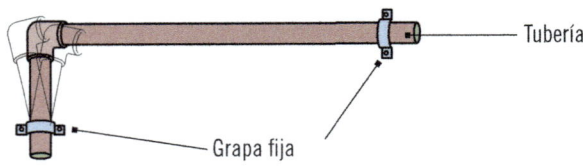

Tubería

Grapa fija

Comprobar el estado de la valvulería en general

Las llaves y las válvulas que pasan mucho tiempo sin ser utilizadas por estar normalmente en una posición fija, tanto abiertas como
cerradas, deben ser inspeccionadas y cambiadas de posición, ya que
se producen agarrotamientos de los mecanismos de maniobra y se
acumulan depósitos en ellas con el paso del tiempo que impide su
correcto accionamiento.

Posiciones de la válvula de compuerta

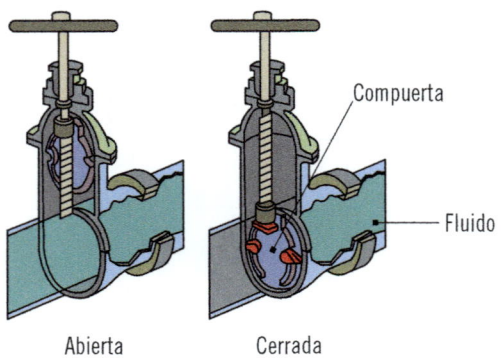

Compuerta

Fluido

Abierta   Cerrada

Comprobar el perfecto estado de los soportes y las abrazaderas

Chequear que las abrazaderas o grapas de fijación de tubos a paramentos verticales hagan que los tubos estén perfectamente alineados con dichos paramentos, que guarden las distancias exigidas y que no transmitan ruidos o vibraciones al edificio.

Comprobar que los soportes hagan que el peso de los tubos caiga sobre estos y no sobre los tubos o sus uniones.

Alineado correcto de tuberías a paramento vertical

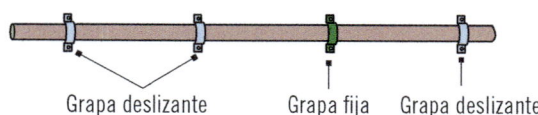

Grapa deslizante   Grapa fija   Grapa deslizante

Comprobar si se producen golpes de ariete o hay aire en las tuberías

Se reconoce de forma muy característica por el ruido que provoca, es un golpe similar al que emite un martilleo y se puede percibir como un fuerte golpe cuando se cierra el grifo rápidamente, o como una serie de explosiones. La expulsión de agua a diferentes presiones en impulsos sucesivos por la grifería también es un hecho sintomático de acumulación de bolsas de aire en el interior de las conducciones.

Depósitos

Las operaciones de mantenimiento preventivo para depósitos consisten principalmente en realizar chequeos generales del estado de conservación y funcionamiento, así como de limpieza y desinfección de los mismos. Las más importantes son:

- Revisión del estado de conservación y limpieza.
- Limpieza y desinfección clorada: el protocolo de limpieza se expone en el programa de mantenimiento para la prevención de la legionela.

- Chequeo generalizado de la instalación: inspeccionando la existencia de posibles fugas, realizando una limpieza y una adecuación de las arquetas de válvulas si procede, así como un chequeo de la totalidad de las llaves de paso. En caso de sospechas de alguna patología tipo corrosión o incrustación, se deberá llevar a cabo una prueba de presión y de estanqueidad.

Actividades

6. ¿Se considera importante el análisis previo del agua para el mantenimiento preventivo?

Grupos de presión

Las operaciones más importantes a tener en cuenta en el mantenimiento preventivo de las bombas o grupos de presión son las siguientes:

Verificar el estado general y la ausencia de fugas

Comprobando la ausencia de fugas de líquido por el prensaestopas ni la entrada de aire por el mismo. La empaquetadura del prensaestopas debe ser sustituida sistemáticamente. La frecuencia del cambio dependerá del número de horas de trabajo de la bomba, así como de la calidad de los materiales, pero normalmente será de 3 a 6 meses.

Recuerde

El prensaestopa es un elemento que se encarga de eliminar fugas de líquidos en la bomba e impedir la entrada de aire a los espacios de aspiración.

Lubricación de cojinetes

La periodicidad del engrase dependerá de las condiciones y del ambiente de trabajo del equipo. Como recomendaciones generales se aconseja:

▍ Lubricar cada 500 horas de funcionamiento.
▍ Cambiar los lubricantes cuando muestren variaciones de color o contaminación por partículas de polvo, agua o partículas metálicas, o descomposición por altas temperaturas y humedad.
▍ No se recomienda el uso de solventes clorados de ningún tipo para limpiar los cojinetes.
▍ Un funcionamiento inadecuado de los cojinetes da lugar a ruidos, vibraciones y desgastes.

Comprobación de la alineación del grupo

Es muy importante comprobar que no se ha perdido la alineación del equipo motor bomba y verificar el acoplamiento con los impulsores. Los ejes de la bomba y del motor deben estar a la misma altura.

Comprobación de desgastes internos

En el interior del cuerpo de la bomba se producen desgastes entre los rodetes y la carcasa de la bomba. Se debe detener la bomba y reparar el desgaste.

El funcionamiento del presostato

Regula los arranques y las paradas de la bomba según el nivel de presión que le marca el manómetro y la regulación o tarado que se le haya hecho.

Chequeo correcto del régimen de revoluciones del motor

Habrá de tenerse muy en cuenta lo que marca el fabricante para el punto de funcionamiento previsto en cada bomba.

Importante

La bomba no debe trabajar en seco ya que necesita el líquido bombeado como lubricante entre las partes internas que rozan como rodetes, carcasa, impulsores, etc.

El conjunto de operaciones de mantenimiento preventivo y su descripción aquí reseñado deberá formar parte de los protocolos de mantenimiento preventivo en la forma que se expone al final del capítulo, en el apartado de registros, donde se aporta un ejemplo de protocolo de mantenimiento preventivo para los grupos de presión. Estos protocolos deben incluir, según cada caso: imágenes, esquemas, planos de despiece y las instrucciones necesarias para llevar a cabo con claridad cada una de las tareas a cada equipo de forma individual. También incluirán un *checklist* o listado de tareas que permita comprobar que se han hecho cada una de las tareas de mantenimiento previstas.

Aplicación práctica

Suponga que es el responsable de confeccionar el programa de mantenimiento preventivo de un edificio de apartamentos y empieza analizando la siguiente instalación. Una vez localizados los elementos que aparecen, indique qué actividades de mantenimiento se deben realizar.

Continúa en página siguiente >>

<< Viene de página anterior

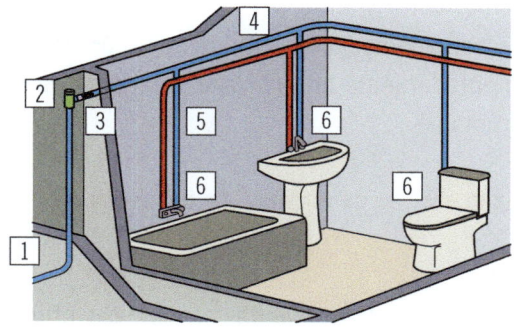

SOLUCIÓN

En la siguiente tabla se muestran cuáles son los elementos y las tareas de mantenimiento preventivo que habría que realizar:

N.º	NOMBRE	OPERACIONES DE MANTENIMIENTO
1	Distribuidor montante	- Vigilar: corrosiones, aparición de fugas de agua, aislamiento, soportes, deformaciones por cambios de temperatura o golpes de ariete.
4	Distribuidores particulares	- Realizar un chequeo generalizado de la instalación. En caso de sospechas de alguna patología tipo corrosión o incrustación, se deberá llevar a cabo una prueba de presión y estanqueidad.
5	Ramales de enlace	
2	Dispositivo de purga sobre montante	- Comprobar que las llaves funcionan correctamente y verificar la ausencia de depósitos.
3	Llave de paso	
6	Puntos de consumo	- Los aparatos sanitarios se deberán mantener en buen estado por parte de los usuarios analizando la ausencia de corrosiones y fugas.

3.4. Equipos y herramientas

A continuación se exponen las herramientas más comunes para efectuar reparaciones de mantenimiento en las redes interiores de saneamiento y distribución de agua potable.

Herramientas de mano básicas de fontanería y mantenimiento de instalaciones de agua

Existe un grupo básico de herramientas conocidas y utilizadas en la mayoría de los trabajos, incluidos los de fontanería, como son: alicates, tenazas, instrumentos de medida como cintas métricas y pie de rey, destornilladores, llaves fijas, martillos, mazas, cinceles y cortafríos, limas, serruchos y sierras.

Existen otras herramientas de características más específicas para el trabajo de mantenimiento en redes de suministro y fontanería, como son:

HERRAMIENTAS DEL MANTENEDOR DE INSTALACIONES DE AGUA POTABLE

VARIOS USOS BÁSICOS

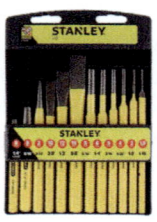

Botadores y punzonadores

Los botadores (forma plana o cilíndrica) se usan para extraer remaches, chavetas o pasadores cónicos; y los granetes (forma cónica) para marcar piezas iguales y diferenciarlas, o marcar el punto de inicio de una operación de taladrado en una pieza.

Continúa en página siguiente >>

<< Viene de página anterior

HERRAMIENTAS DEL MANTENEDOR DE INSTALACIONES DE AGUA POTABLE

VARIOS USOS BÁSICOS

Su misión es apretar y aflojar tuercas roscadas a tornillos. Las más comunes son las de tipo inglesa y Stillson.

Llaves inglesa y Stillson

Se usa para dar formas diversas a las bocas de los tubos de metal, especialmente a los de cobre.

Abocinador

Se usa para ensanchar la boca de los tubos. Con esta herramienta se realizan empalmes que sustituyen a las uniones mediante manguitos de unión.

Abocardador

Se usa para eliminar del interior del tubo las rebabas que quedan al ser cortado.

Mandril o escariador

Para efectuar roscas a mano en tuberías y tornillos.

Terrajas

Continúa en página siguiente >>

<< Viene de página anterior

HERRAMIENTAS DEL MANTENEDOR DE INSTALACIONES DE AGUA POTABLE

PARA APRISIONAR TUBOS

| Tornillo sujeta-tubos | Llaves de cadena | Llaves de correa |

PARA DAR FORMA A LOS TUBOS

 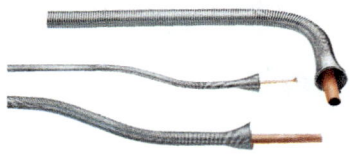

| Curvadora de tubos | Curvatubos de muelles |

PARA CORTAR TUBOS

| Cortatubos telescópico | Sierras metálicas de mano |

Actividades

7. De las herramientas que se han visto, ¿cuáles considera que son las más usadas y cuáles las de mayor riesgo de accidente?

3.5. Limpieza y desinfección de las instalaciones

En general, la limpieza y la desinfección de las instalaciones de suministro de agua fría están ligadas a la normativa de ámbito estatal:

- Real Decreto 487/2022, de 21 de junio, por el que se establecen los requisitos sanitarios para la prevención y el control de la legionelosis.
- Real Decreto 3/2023, de 10 de enero, por el que se establecen los criterios técnico-sanitarios de la calidad del agua de consumo, su control y suministro.

Limpieza y desinfección de depósitos

En las operaciones de limpieza de los depósitos se emplearán mangueras de agua a presión y cepillos resistentes que eliminen impurezas, limpiándose a fondo las superficies interiores, paredes y fondo, eliminando incrustaciones y comprobándose la ausencia de grietas o fisuras. Se pueden emplear aspiradores de lodos para retirar impurezas.

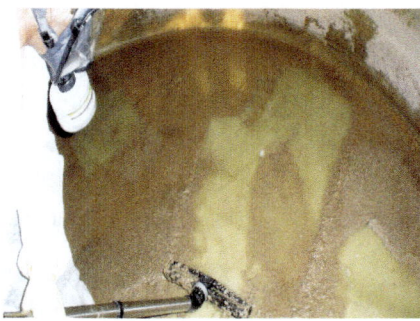

Operación de limpieza de depósito

En cuanto a la desinfección de los depósitos, el protocolo existente para la desinfección química con cloro de los depósitos que marca el anexo III del Real Decreto 487/2022, por el que se establecen los requisitos sanitarios para la prevención y el control de la legionelosis en caso de brote de legionela es perfectamente aplicable a instalaciones con depósitos que requieran ser desinfectados. Esta metodología servirá tanto para desinfectar el depósito como el resto de la instalación, dado que si existe depósito en la instalación existirá también presión suficiente para introducir el desinfectante en la instalación. El protocolo de limpieza y desinfección es el siguiente:

1. Limpiar a fondo las superficies eliminando las incrustaciones y adherencias y realizando las reparaciones necesarias. Aclarar con agua.
2. Desinfección con biocidas y adición de biodispersantes capaces de actuar sobre la biocapa y anticorrosivos compatibles con el biocida y el biodispersante, en cantidad adecuada, y controlando el pH (si la efectividad del biocida depende del pH).
3. Recircular el sistema durante el tiempo establecido para el biocida utilizado, comprobando el nivel de biocida al menos cada hora y reponiendo la cantidad perdida.
4. Neutralizar el biocida, vaciar el sistema y aclarar con agua a presión.
5. Llenar de agua y restablecer las condiciones de uso normales.

Limpieza y desinfección del resto de la instalación

Los elementos de la instalación, exceptuando el depósito de acumulación, que sean susceptibles de ser limpiados o desinfectados serán, principalmente, las conducciones, la valvulería y los puntos terminales.

La limpieza de estos elementos puede ser requerida por incrustaciones o sedimentaciones en las conducciones o las válvulas. La limpieza de esta parte de la instalación se puede hacer mediante dos procedimientos:

- **Agua y aire a presión:** que se introduce en la tubería con una manga de aire comprimido. Las turbulencias creadas arrastran las impurezas al final del tramo.
- **Limpieza con ácidos débiles:** los ácidos como acético o cítrico se utilizan para eliminar deposiciones, sobre todo calcáreas del interior de las

conducciones, dosificados por bomba inyectora que se acoplará a la red en un punto estratégico de la misma.

Las operaciones de desinfección de las conducciones pueden tener dos naturalezas diferentes tanto si la instalación tiene o no depósito de acumulación:

- **Conducciones con depósito de acumulación:** en este caso la desinfección que se plantea para el depósito se hará tal y como indica el protocolo anteriormente expuesto, ya que este incluye al conjunto de la instalación.
  La desinfección no será efectiva si no va acompañada de una limpieza exhaustiva. Los elementos difíciles de desmontar o sumergir se cubrirán con un paño limpio impregnado en la misma solución durante el mismo tiempo.
- **Conducciones sin depósito de acumulación:** en este caso, en caso de tener que realizar alguna desinfección, se hará manteniendo las concentraciones de cloración y recloración expuestas en el protocolo anterior, pero con ayuda de una bomba inyectora.

En general, los productos usados para la limpieza y la desinfección de las superficies en contacto con el agua de consumo deben cumplir lo señalado en el artículo 43 del Real Decreto 3/2023, que establece los criterios técnico-sanitarios de la calidad del agua de consumo, su control y suministro:

- Tendrán una calidad apta para ser utilizado, sin poner en peligro, directa o indirectamente la salud humana.
- No afectarán negativamente al color, olor o sabor del agua de consumo.
- No favorecerán la proliferación microbiana.
- No empeorarán la calidad del agua de consumo, en concreto, los subproductos de la desinfección generados serán los más bajos posibles sin comprometer la desinfección del agua de consumo.

3.6. Mantenimiento preventivo para el control de la legionela

La legionelosis (según el Instituto de Salud Carlos III, principal Organismo Público de Investigación) es una enfermedad de origen ambiental que se transmite al ser humano a través de aerosoles de agua contaminada con la bacteria *Legionella pneumophila*. Suele aparecer y proliferar cuando se emplean dispositivos y sistemas que utilizan agua a determinadas temperaturas, y que emiten aerosoles durante su funcionamiento, facilitando la multiplicación de la bacteria.

 **Definición**

Aerosol
Aquella mezcla heterogénea de partículas, sólidas o líquidas, suspendidas en un gas. La denominación se refiere tanto a las partículas como al gas en el cual las mismas se encuentran contenidas o suspendidas. Por ejemplo, una instalación de pulverización de agua en una terraza de verano o la difuminación de gotas de agua que provoca una fuente ornamental o un equipo de riego por aspersión.

La infección por legionela puede ser adquirida en el ámbito comunitario y el hospitalario. En ambos casos, la enfermedad puede estar asociada a varios tipos de instalaciones, equipos y edificios. Puede presentarse en forma de brotes y casos aislados o esporádicos. La legionela es una bacteria ambiental capaz de sobrevivir en un amplio intervalo de condiciones fisicoquímicas, multiplicándose entre 20 °C y 45 °C, destruyéndose a 70 °C. Su temperatura óptima de crecimiento es 35-37 °C, y se transmite por inhalación de aerosoles o gotas pulverizadas (menores de 5 micras) que contienen la bacteria y también por microaspiración de agua contaminada.

Normativa aplicable e instalaciones de riesgo

La normativa de ámbito estatal que indica las directrices a seguir para el control de la legionela es el Real Decreto 487/2022 por el que se establecen los requisitos sanitarios para la prevención y el control de la legionelosis. Este Real Decreto tiene como objetivo la prevención y el control de la legionelosis mediante la adopción de medidas higiénico-sanitarias en aquellas instalaciones en las que la legionela es capaz de proliferar y diseminarse. Las consejerías competentes en sanidad de cada comunidad autónoma son las encargadas de controlar que se cumplan las directrices del real decreto en las instalaciones de suministro.

Según se recoge el artículo 3 del citado Real Decreto, las medidas que en él se establecen se aplican a las instalaciones que tengan la capacidad de convertirse en focos de exposición a la bacteria y de propagación de la legionelosis, quedando excluidas las instalaciones ubicadas en edificios destinados exclusivamente a viviendas, siempre que no afecten, dichas instalaciones al ambiente exterior de los mismos, pudiendo la autoridad sanitaria competente la obligatoriedad del cumplimiento de las medidas de control que considere oportunas.

Así, según se recoge en el anexo IV del R.D. 487/2022, el programa de tratamiento se compone del:

- Programa de limpieza y desinfección, que debe contemplar tanto las limpiezas y desinfecciones generales de toda la instalación y las específicas para zonas o equipos específicos programadas como las limpiezas parciales efectuadas a resultas de cualquier actividad de mantenimiento.
- Programa de tratamiento del agua, que incluirá las acciones que permitan mantener la calidad del agua de la instalación en condiciones correctas desde el punto de vista fisicoquímico y microbiológico, especialmente en la presencia de *Legionella spp.*

Programa de mantenimiento preventivo para el control de la legionela

Las revisiones y operaciones de mantenimiento a las que deben someterse los depósitos y las instalaciones serán, como mínimo, las indicadas en el artículo 8. referido al Plan de Prevención y Control de Legionela (PPCL):

1. Programa de mantenimiento y revisión de instalaciones y equipos.

   a. Medidas preventivas que al menos cumplan lo descrito en el anexo IV.
   b. Establecimiento de responsabilidades.

2. Programa de tratamiento.

    a. Tratamiento del agua

    b. Programa de limpieza y desinfección de la instalación que, al menos, tendrá que cumplir lo descrito en el anexo IV.

3. Programa de muestreo y análisis del agua.

    a. Cumplimiento de las acciones descritas en los anexos V y VI.

    b. Laboratorios de control deben cumplir el anexo VII y el artículo 12.

4. Programa de formación del personal.
5. Documentación y registros.

PROGRAMA DE MANTENIMIENTO LEGIONELA SISTEMAS DE AGUA FRÍA

Tipo	Frec.	Lugar	Operación	Responsable
Revisiones	Mensual	Puntos terminales	Revisión del estado de conservación y limpieza	Técnico de mantenimiento
	Trimestral	Depósito	Revisión del estado de conservación y limpieza	Técnico de mantenimiento
		Filtros y equipos de tratamiento del agua	Revisión del correcto funcionamiento	Técnico de mantenimiento
	Anual	Instalación completa	Revisión general del correcto funcionamiento	Técnico de mantenimiento
Limpieza y desinfección	Semestral	Instalación completa	Hipercloración	Empresa externa homologada

Continúa en página siguiente >>

<< Viene de página anterior

PROGRAMA DE MANTENIMIENTO LEGIONELA SISTEMAS DE AGUA FRÍA

Tipo	Frec.	Lugar	Operación	Responsable
Controles del agua	Mensual	Depósito y puntos significativos de la red	Temperatura	Técnico de mantenimiento
	Diario	Depósito y puntos terminales	Cloro residual y pH	Técnico de mantenimiento
	Anual	Depósito y puntos terminales	Análisis de presencia de bacteria legionela	Laboratorio externo

Descripción de las operaciones de mantenimiento preventivo para el control de la legionela

Las operaciones del programa preventivo se describen a continuación, dividiéndose en tres grupos principales, según aparecen en el programa de mantenimiento preventivo:

- Operaciones periódicas de revisión.
- Operaciones periódicas de limpieza y desinfección.
- Operaciones periódicas de control de la calidad del agua.

Operaciones periódicas de revisión

Son acciones sistemáticas que se deben realizar en la instalación para comprobar el buen estado de la misma:

- **Mensual:** se realizará una revisión general de limpieza y conservación en un número representativo y rotatorio a lo largo del año, de manera que al final de cada año se hayan chequeado todos los puntos terminales de la red, comprobándose visualmente la ausencia o presencia de suciedad o corrosión.

▎**Trimestral:** se realizará una revisión general del estado de limpieza de los aljibes/depósitos, comprobándose visualmente la ausencia o presencia de suciedad, corrosión, algas o incrustaciones. En caso de que se detectara alguna anomalía, se procederá a reparar, limpiar o desinfectar si fuera necesario. Se comprobará también el estado de los equipos de tratamiento de agua.

▎**Anual:** se realizará una revisión general de funcionamiento de las instalaciones, incluyendo todos los elementos, reparando o sustituyendo aquellos elementos defectuosos. Visualmente se debe comprobar la ausencia o presencia de suciedad, incrustaciones, corrosión, algas o goteos en puntos terminales. Es importante destacar el mantenimiento en buen estado de los filtros para mantener la operatividad de la instalación.

Operaciones periódicas de limpieza y desinfección

Acciones periódicas necesarias para mantener controlados los niveles de contaminación y suciedad y detener de forma sistemática posibles proliferaciones de la bacteria.

Las instalaciones de agua fría de consumo humano se limpiarán y desinfectarán, como mínimo, una vez al año.

En este tipo de instalaciones puede realizarse una desinfección de tipo químico, con biocidas y desincrustantes, según se establece en el anexo IV del Real Decreto 487/2022 en el apartado de limpieza y desinfección del depósito:

a. Vaciar el depósito y eliminar todos los residuos acumulados en fondos y paredes hasta dejar las superficies perfectamente limpias.
b. Aclarar, en su caso.
c. Inspeccionar el estado del depósito y realizar, si es necesario, las reparaciones pertinentes con el fin de eliminar grietas, fugas, desconchados del revestimiento.
d. Aclarar perfectamente el depósito con agua antes de iniciar la desinfección.
e. Purgar los restos del aclarado.
f. Realizar el tratamiento de desinfección.

g. Limpiar y desinfectar los elementos auxiliares del sistema de bombeo y tratamiento del agua.

h. Aclarar con agua de consumo, neutralizar y eliminar el efluente.

i. Volver a llenar con agua de consumo restableciendo el servicio una vez ajustado el nivel de desinfectante

Operaciones periódicas de control de la calidad del agua

Se medirán los parámetros característicos del agua relacionados con la proliferación de la bacteria:

- **Diario y mensual:** la medida del nivel de cloro residual, pH y temperatura se efectúa con elementos de medida directa o mediante sensores electrónicos integrados en una instalación automática de dosificación. El nivel de cloro residual deberá ser, como mínimo, 0,2 mg/litro. Siendo considerado óptimo 0,5-0,6 mg/litro de CLR. Como máximo, estará en niveles de 1 mg/litro de CLR. El pH deberá estar entre 7-8 con el objetivo de hacer efectivo el sistema de cloración. Si el pH se eleva demasiado, el cloro no realiza su función correctamente.

- **Anual:** se realizarán análisis de posible aparición de la bacteria. Se analizarán los puntos más desfavorables como grifos no utilizados, los más alejados de la entrada del agua, etc., y además se tomará una muestra del depósito de acumulación.

En la siguiente imagen se aprecia un sistema automático dosificador de hipoclorito sódico con medición y control de cloro residual en un depósito mediante recirculación, de manera que la concentración requerida se pueda fijar y mantener constante en todo momento.

Instalación de clorado automático

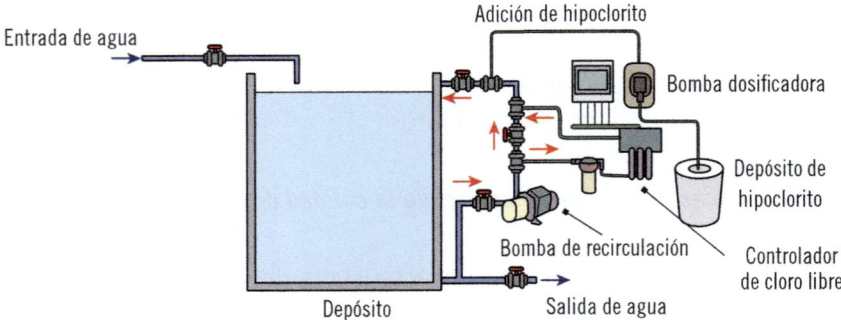

Actividades

8. ¿Cuáles son las diferencias entre una limpieza y desinfección de forma preventiva y una limpieza y desinfección en caso de brote de legionela?

3.7. Medidas de parámetros físicos

En las redes de distribución de agua fría del interior de los edificios, al ser presurizadas, se suelen medir tres parámetros físicos principales: presión, velocidad y caudal. Para medir estos parámetros se usan las unidades del Sistema Internacional de Medidas (SI), que es el que adopta el CTE.

Para definir estos parámetros es necesario conocer las siguientes unidades:

MAGNITUD	UNIDAD	SÍMBLOLO
Longitud	Metro	m
Masa	Kilogramo	kg

Continúa en página siguiente >>

<< Viene de página anterior

MAGNITUD	UNIDAD	SÍMBLOLO
Tiempo	Segundo	s
Superficie	Metro cuadrado	m^2
Volumen	Metro cúbico	m^3
Velocidad	Metro por segundo	m/s
Presión	Pascal	Pa
Fuerza	Newton	N

Presión

Es la cantidad de fuerza ejercida por unidad de superficie, y se enuncia con la siguiente expresión:

$$\text{Presión} = \frac{\text{Fuerza}}{\text{Superficie}}$$

La unidad de presión en el SI es el pascal, que representa la fuerza que ejerce un newton en un metro cuadrado, y se enuncia con la siguiente expresión:

$$1\ \text{Pascal} = \frac{1\ \text{Newton}}{m^2}$$

Nota

En la práctica es muy habitual utilizar como medida de fuerza el kilogramo-fuerza (kgf) o kilopondio (kp). Esta unidad no pertenece al SI y representa la fuerza con que la Tierra atrae a un kg de masa. La equivalencia del kilopondio con el newton es 1 kp = 9,8 N

Se suelen hacer cálculos aproximando 1 kp = 10 N.

Para la medida de la presión se utilizan otras unidades además del pascal: megapascales (MPa), bares (bar), atmósferas (atm), kilogramos-fuerza por cm^2 (kgf/cm^2) y metros de columna de agua (mca). La equivalencia entre dichas unidades se muestra en la siguiente tabla de conversión:

	Atm	Bar	Pa	kgf/cm²	mca
atm	1	1	10^5	1	10
Bar	1	1	10^5	1	10
Pa	$1/10^5$	$1/10^5$	1	$1/10^5$	$1/10^4$
kgf/cm²	1	1	10^5	1	10
mca	1/10	1/10	10^4	1/10	1

Las medidas de presión pueden ser tomadas mediante sensores conectados a un sistema de telecontrol o mediante manómetros que miden presiones relativas dentro de una conducción.

Los manómetros se deben colocar en puntos estratégicos donde se quiera tomar la medida, aunque se deben respetar una serie de condiciones para que las medidas sean lo más fiables posible: deben protegerse del frío y el calor excesivos o no colocarlos cerca de elementos distorsionadores como las válvulas, codos, y serán colocados en posición vertical y por encima de la tubería, nunca por debajo.

Instalación correcta de manómetros

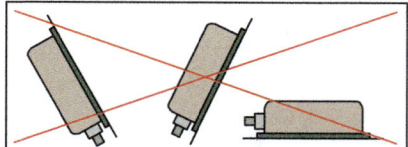

Velocidad

La velocidad indica el espacio recorrido por el agua en una unidad de tiempo. Se suele medir en m/s. La velocidad de un fluido en una tubería a presión se mide por ultrasonidos, los cuales emiten una señal hacia el fluido y calcula la medida directamente. Es un sensor de medición que trabaja sin contacto.

Caudal

El caudal indica el volumen de agua que pasa por una sección determinada de una tubería en una unidad de tiempo. Se suele medir en litros/segundo (l/s), metros cúbicos por hora (m^3/h) o metros cúbicos por segundo (m^3/s).

Si el área de la sección útil de la tubería (S) se mide en m^2 y la velocidad (V) con la que circula el agua en metros por segundo (m/s), el caudal que circula por ella es el producto de la velocidad por la sección de la tubería, y se enuncia con la siguiente expresión:

$$\text{Caudal: } Q \, (m^3/s) = \text{Sección } (m^2) \times \text{Velocidad } (m/s)$$

La sección de una tubería es un parámetro físico característico de las tuberías, hablándose directamente de la sección como diámetro, término usado para clasificar a las tuberías, normalmente por su diámetro exterior (De). El diámetro interior (Di) es el que define la sección útil. La relación entre diámetros es la que define la siguiente expresión:

$$Di = De - (2 \times e)$$

Donde:

- e: espesor de la tubería o grosor de la pared (m).
- Di: diámetro interior.
- De: diámetro exterior.

En la siguiente imagen se puede apreciar gráficamente dicha relación:

Dimensiones circulares de una tubería

Grosor de la pared

Diámetro interior
D.I.

Diámetro exterior
D.E.

Conociendo el valor del diámetro interior se puede calcular el radio de la sección útil, ya que el radio (r) = diámetro (D)/2.

Conociendo el valor del radio se puede conocer el valor de la sección, que se enuncia con la siguiente expresión:

$$\text{Sección (m}^2) = \pi \times r^2 \ (m^2)$$

Donde:

- r: radio interior.
- π número Pi = 3,1416.

Nota

Las medidas de espesor y diámetros también se miden en mm o pulgadas. La pulgada se expresa con el símbolo " y se relaciona con los mm, siendo 1" = 25,4 mm. La equivalencia de la pulgada también se presenta en forma decimal.

$$1/2" = 0,5", \ 1/4" = 0,25", \ 1/8" = 0,125",$$

$$1/16" = 0,0625", \ 1/32" = 0,03125", \ 1/64" = 0,015625"$$

Actividades

9. ¿Cuáles son las unidades de medida del Sistema Internacional y qué otros sistemas existen?

El caudal se mide con los caudalímetros. Los hay de diversos tipos:

- **Ultrasonido:** emite una señal hacia el fluido y calcula la medida directamente. Es un sensor de medición que trabaja sin contacto.
- **Electromagnético:** emite un campo magnético a una tubería y mide su voltaje de extremo a extremo. Este sistema es muy poco intrusivo pero solo funciona con líquidos que tengan algo de conductividad eléctrica.
- **De hélice:** es más rudimentario, ofrece la lectura directa mediante el movimiento de una hélice de su interior.

Aplicación práctica

Suponga que trabaja en el mantenimiento de un hospital de una capital española en el que existen instalaciones de gran tamaño de todo tipo. En la instalación del suministro de agua fría existe un grupo de bombeo en el que se quiere estudiar la posibilidad de cambiar la bomba. Para ello es imprescindible conocer el punto de funcionamiento normal de la bomba (presión y caudal). En la instalación hay dos aparatos instalados: un caudalímetro sobre la tubería de impulsión que marca una medida fija de 50 l/ s y un manómetro en dicha tubería que marca 20 kgf/cm^2 de presión relativa. Se tiene un catálogo de un fabricante con unas bombas, como se puede ver en la siguiente imagen, que pueden ser interesantes de estudiar, pero las gráficas de las bombas están en las siguientes unidades: presión en bar y caudal en m^3/h.

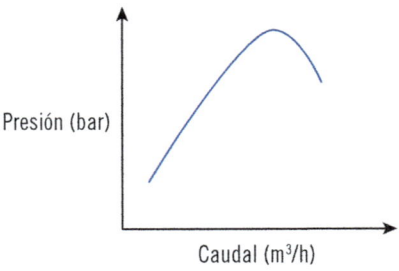

¿Cuál será el punto de funcionamiento de la bomba según las unidades que pide la gráfica?

SOLUCIÓN

Presión: 1 bar.

Utilizando las equivalencias conocidas 1 (bar) = 1.0197 (kgf/cm^2).

Por tanto, presión = 20 (kgf/cm^2) aprox.

Caudal: 50 (l/s).

Se debe saber que 1 metro cúbico (m^3) es igual a 1.000 litros (l).

Por tanto, 50 l expresado en m^3 será igual a: 50 (l) = 50(l) / 1.000 (l/m^3) = 0, 05 (m^3).

Continúa en página siguiente >>

<< Viene de página anterior

Se debe saber que 1 hora (h) = 3.600 s, por tanto, 1 s = 1 (s)/3.600 (s/h) = 0,000277 h.

Por tanto, el caudal expresado en las unidades requeridas será el siguiente: Q = 50 (l/s) = 0,05 (m³) / 0,000277 (h) = 180 m³/h.

El punto de funcionamiento será P (180 m³/h, 20 bar.

---

4. Mantenimiento de gestión energética

Las tareas de mantenimiento de gestión energética se incluyen en el programa de mantenimiento de gestión energética aplicada al consumo de agua fría, así como en la búsqueda de puntos críticos y la identificación de gastos excesivos.

4.1. Programa de gestión energética

El programa consiste en implantar un protocolo organizado que prevea y controle el consumo de agua, obteniendo la mayor eficiencia en el suministro de agua sin menguar las prestaciones necesarias para alcanzar los niveles de satisfacción exigidos. En las instalaciones de grandes edificios (como centros comerciales, edificios destinados a la prestación de servicios, etc.) es donde resulta más rentable implementar este tipo de programa de gestión. En edificios de menor entidad, como las comunidades de vecinos, es importante controlar igualmente el gasto instalando algunos de los elementos y realizar las operaciones de mantenimiento eficiente que más adelante se incluyen.

Proceso de diseño del programa de gestión energética

El sistema de gestión debe asegurar el control y la posibilidad de modificación de todas aquellas variables que intervienen en los procesos y los equipos consumidores de agua; desde las condiciones de contratación de los distintos suministros hasta el funcionamiento de una simple válvula de regulación.

El protocolo utilizado en el proceso de gestión energética se compone de las siguientes etapas:

- **Inventario de equipos consumidores:** consiste en conocer la cantidad total usada de agua.
- **Auditoría de consumo:** consiste en analizar la situación de consumo a lo largo de un período de tiempo con el fin de determinar cómo y dónde se utiliza el agua en sus distintas formas. Se realiza una toma de datos, un diagnóstico, un estudio de mejoras y un análisis económico.
- **Programa de gestión energética:** una vez que se han completado y planificado las líneas de actuación tras la auditoría, un programa de gestión energética se encargará de llevar el control y el mantenimiento de todos los equipos: consumos, horarios, informes, etc., en base a la información obtenida del sistema.

Es importante, para implantar un programa de gestión energética óptimo, hacer un completo inventario, una exhaustiva auditoría de consumo y mantener actualizado el estado de la instalación mediante elementos que recojan la información e interactúen con el programa de gestión para mantenerlo operativo continuamente. Esto se consigue instalando un buen sistema de telemetría.

Definición

Telemetría
Es una tecnología que permite la medición remota de magnitudes físicas, así como el envío de la información generada en la medición hacia el operador del sistema de suministro, y facilitar la elaboración de informes, controles y toma de decisiones con el fin de que el funcionamiento sea seguro y eficiente.

Componentes del programa de gestión energética

Los elementos o dispositivos de regulación habitualmente necesarios para realizar las acciones de control en un sistema de gestión energética son:

- **Sondas o sensores:** la función principal que realizan es la medición de las magnitudes controladas. Existen todo tipo de sondas dependiendo de la magnitud que se desee controlar; de temperatura, humedad, presión, de nivel, etc.
- **Actuadores:** son dispositivos electromecánicos que actúan sobre el medio exterior a partir de una señal eléctrica. Es un proceso inverso al realizado por las sondas. Los actuadores más comunes son los relés y los contactores.
- **Termostatos y presostatos:** son en sí mismos un sistema de regulación completa, pues realizan la medición, la comparan y actúan cerrando o abriendo contactos eléctricos como, por ejemplo, electroválvulas, actuando según la señal que reciban, de temperatura o presión, respectivamente.
- **Caudalímetros:** elementos de medida de la cantidad de agua consumida por unidad de tiempo.

Operaciones de mantenimiento eficiente

Complementariamente al programa de gestión energética, o si la vivienda no está controlado por un programa de gestión eficiente, se deben adoptar medidas de aplicación durante la vida útil de la instalación que repercutan en una mayor eficiencia energética:

- **Monitoreo y control:** una forma muy efectiva de optimizar el consumo de agua potable es la monitorización de todo el sistema, no solo para detectar pérdidas de la manera más rápida, sino también para mantener el control sobre la cantidad de agua consumida. Permite decidir cuáles son los mejores momentos para efectuar el mantenimiento preventivo de determinados elementos; por ejemplo, los equipos de bombeo, de los cuales se puede analizar cuáles son las horas en las que trabajan y cuáles no.

- ***Checklist:*** constituye una relación de todos los elementos de la instalación para evitar que ninguno salga de la revisión, y sirve de herramienta de control de las operaciones realizadas y de quién las ha llevado a cabo.
- **Mantenimiento predictivo:** es importante la contabilización del tiempo en el transcurso de la vida útil de los elementos para prever la sustitución de estos o de algunos de sus componentes, mejorando su funcionamiento.
- **Proponer una distribución proporcional del trabajo entre los distintos equipos:** no esperar la avería de los equipos para conectar los de reserva para evitar que estos (bombas, etc.) tengan paradas muy prolongadas.
- **Aumentar el número de llaves de corte:** para aislar tramos o sectores más pequeños y realizar las reparaciones de averías en menos tiempo.
- **Chequeado continuo del correcto cierre de llaves:** para evitar pérdidas silenciosas muy perjudiciales.
- **Incrustaciones interiores:** la limpieza o sustitución de tuberías que tengan incrustaciones y sedimentos adheridos a las paredes mejora su eficiencia de funcionamiento.
- **Formación del personal responsable del mantenimiento:** concienciar y formar sobre la importancia de la eficiencia y el ahorro en las instalaciones, especialmente al personal de seguridad, mantenimiento y limpieza.

 Actividades

10. Revisar las operaciones de mantenimiento relacionadas con la eficiencia y el ahorro en consumo de agua que se han visto. ¿Cuáles se deberían hacer en un edificio residencial de una vivienda unifamiliar, de dos plantas y con piscina?

4.2. Búsqueda de puntos críticos

La localización de los puntos críticos es otro de los aspectos importantes para garantizar la eficiencia hidráulica de la instalación de suministro de agua en el mantenimiento de los edificios.

Deben buscarse, principalmente, en los siguientes puntos de la instalación:

- **Las conducciones de agua:** una fuga de agua, por mínima que parezca, al producirse de forma ininterrumpida resulta una gran pérdida de agua total. Los restos de soldadura dejados en una tubería o el proceso de roscado, con la consecuente eliminación de material, ocasionan puntos débiles en la misma por donde, a la larga, y unido a otros factores como el envejecimiento, se pueden producir fugas.
- **La grifería y los aparatos de consumo:** estos elementos resultan críticos por diferentes motivos, y pueden producir diversos fallos en la instalación.
- **Inodoros:** el funcionamiento defectuoso del mecanismo de carga y descarga de la cisterna provoca filtraciones indeseadas.

Esquema básico de una cisterna

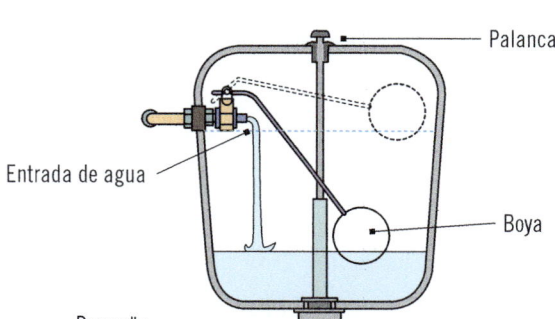

- **Goteos en grifos:** pueden producirse por obstrucciones del cuerpo de la válvula, el mal estado de esta y las horas de uso acumuladas.
  Por ejemplo, en un grifo mal cerrado, el volumen que se desperdicia de un pequeño goteo puede ser de 0,05 ml, es decir, con 20 gotas se pierde un mililitro. Si hay un goteo permanente, por ejemplo, dos gotas por segundo, el agua desperdiciada llegaría a ser de 8,64 litros/día y de más de 3 m³/año. La detección de esta anomalía es muy sencilla y debe corregirse al momento de su detección.
- **Controlar los difusores de mezcla de aire-agua:** la cal del agua se incrusta en los orificios de toma de aire y dejan de funcionar correctamente con la consecuencia de mayor consumo.

- **Los sistemas de riego automático:** se deben controlar los consumos permanentes que pueden estar provocados por una falta de estanqueidad en las electroválvulas de los riegos automáticos. La existencia de un contador específico en el sector crítico permitirá aislar la fuga del resto de la instalación de suministro.
- **Las piscinas:** es necesario controlar las pérdidas que se producen por fugas o filtraciones de los muros o soleras.
- **Conexiones entre tuberías:** no se realiza bien la unión de cobre con polietileno, ya que este último vibra con el consumo; y el cobre, al ser rígido, hace que la conexión sufra mucho.

Actividades

11. ¿Cuáles son los puntos críticos que tiene la instalación de agua del edificio donde reside?

4.3. Identificación de gastos excesivos

El control del consumo en las instalaciones es fundamental y obligatorio, y para ello es necesario instalar un sistema de contabilización. La detección de pérdidas y averías se hace más importante a medida que va incrementando el precio de la energía, especialmente en España.

Los contadores digitales ofrecen unas prestaciones que permiten tener informatizado el gasto de agua, permitiendo de esta forma llevar un control exhaustivo directo y un cálculo de los ratios del consumo, realizar comparativas, etc. Un contador digital asociado a un programa de gestión energética de calidad es capaz de obtener y parametrizar todo tipo de datos referentes al consumo de agua que permitan analizar el estado en que se encuentra la instalación, como pueden ser: caudales máximo y mínimos en un período determinado, consumos entre períodos y acumulados, establecer topes de consumo para sistemas de alarma, etc.

Estos sistemas se pueden aplicar, por ejemplo, en los inmuebles o zonas vacías, evitando e identificando consumos excesivos o fugas incontroladas: si se produce una avería por una fuga durante el tiempo en el que determinadas dependencias de un edificio no están sido usadas, es muy probable que el consumo se dispare de forma alarmante hasta que se pueda arreglar la avería o, al menos, se pueda cortar el suministro. Para evitar este tipo de situaciones se pueden instalar contadores parametrizados con relés de alarma que interrumpan el suministro en caso de rebasar un consumo prefijado.

No hay que pasar por alto la existencia de humedades, que suelen ser indicadores claros de posibles fugas y, por tanto, de gastos inútiles.

A continuación se expone un modelo de visualización de datos de un programa informático asociado a un contador inteligente.

Output de un programa de gestión y control de contadores

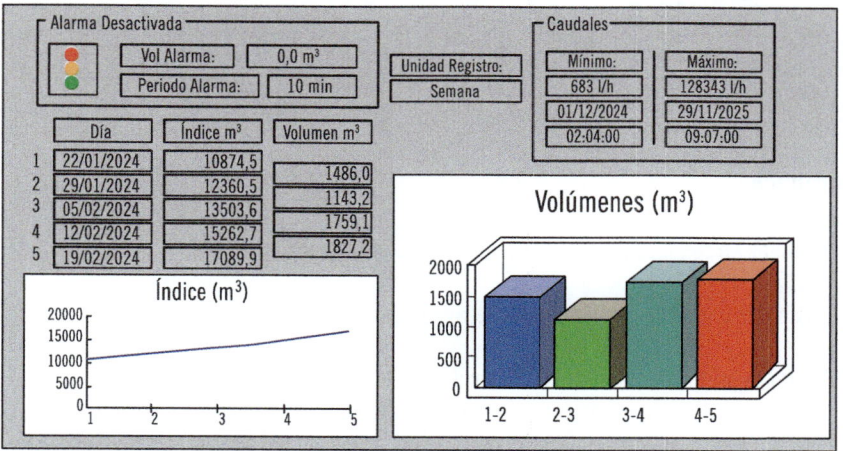

Por otra parte, en las instalaciones con grupos de presión instalados, las fugas son más fáciles de detectar ya que la presión baja significativamente, detectándose en los manómetros, sin que tenga que haber un consumo excesivo injustificado.

Aplicación práctica

Suponga que es el encargado de revisar una instalación de suministro de una vivienda unifamiliar. ¿Cuáles serían los puntos críticos que debería observar y qué elementos cree que se deberían colocar para mejorar la sectorización de la instalación? Se adjunta plano de la instalación.

Nota: la simbología es similar a la del CTE.

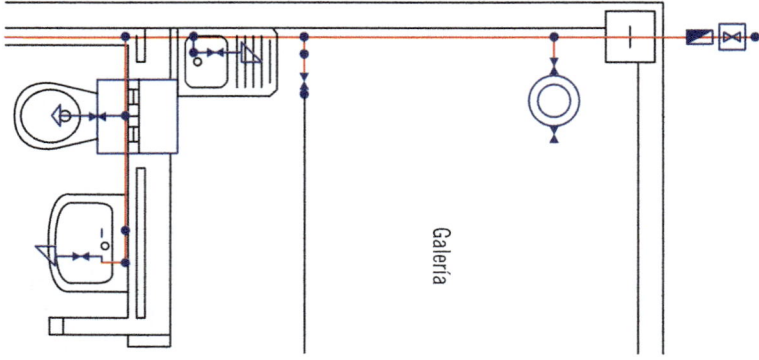

SOLUCIÓN

Las fugas en conducciones de agua y goteos de grifos e inodoros.

Revisar los difusores de mezcla de aire-agua de los grifos.

Mejorar la sectorización colocando válvulas en zonas estratégicas de la instalación. Son las llaves de paso que aparecen en verde en el plano. Se colocaría una en el interior de la vivienda como aislamiento general, otra para el cuarto de baño y una tercera para aislar el resto de la instalación que continúa hacia el punto más alejado de la vivienda.

Continúa en página siguiente >>

<< Viene de página anterior

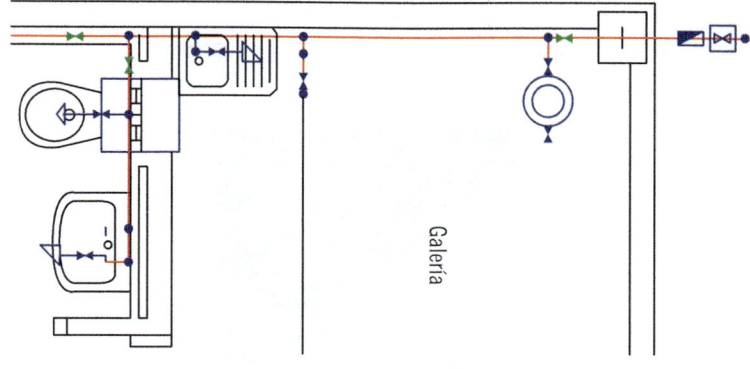

5. Mantenimiento correctivo

A continuación, se exponen las tareas claves del mantenimiento correctivo de una instalación de suministro de agua. Para ello se analizarán los diagnósticos de las averías que se produzcan y las reparaciones pertinentes, así como los procesos de aislamiento hidráulico y eléctrico de los componentes a la hora de ejecutar la reparación.

5.1. Diagnóstico de averías

En este apartado se analizan las diferentes técnicas y metodologías que se aplican para la detección y la localización de una avería en las redes de distribución.

Detección de averías

La red de suministro requiere la visualización como primer paso para diagnosticar una avería. No obstante, existen diversos condicionantes que no deben ser pasados por alto para poder detectar a tiempo una posible avería:

- **Rotura visible de una tubería:** se manifiesta con la aparición de charcos, la reducción del caudal o presión y el cambio de régimen en el funcionamiento del grupo de presión.

Rotura de tubería congelada

- **Ruidos anómalos:** como pueden ser los provocados por el golpe de ariete o la presencia de aire en las tuberías.
- **Manejo de valvulería:** cuando las llaves permanecen largo tiempo inutilizadas, al accionarse, ocasionan problemas con los sedimentos que se depositan en ellas. Se producen también cuando se utilizan con un consumo excesivo de agua en un corto período de tiempo como, por ejemplo, en el llenado de una piscina.
- **A través de los contadores:** se verificará la inexistencia de consumos fijos en la instalación cuando todos los puntos de consumo están cerrados y no existe gasto real en ese momento.
- **Niveles de presión y caudal bajos:** si la anomalía se prolonga en el tiempo y no hay noticias de averías en la red general de abastecimiento municipal, puede ser una señal que delata una anomalía en el sistema de suministro.
- **Modificación de características del agua:** la aparición de color, olor o sabor puede ser identificativo de una posible avería.
- **Grupos de presión:** a continuación se expone una serie de recomendaciones técnicas para evaluar diversas anomalías que se pueden presentar en los grupos de presión y qué hacer para subsanarlas propuestas por la Confederación Nacional de Asociaciones de Empresas de Fontanería, Gas, Calefacción, Protección contra incendios, Electricidad y Afines.

AVERÍAS EN BOMBAS

Avería	Causas posibles	Corrección
No gira	No llega corriente al motor Motor en cortocircuito Ha saltado el térmico	Comprobar Comprobar Revisar y reponer
Hace ruido	Gira en sentido contrario Bolsas de aire Cuerpo extraño en el fluido Rodamiento en mal estado	Cambiar conexiones Cebar Retirar Sustituir
Caudal bajo	Pérdida de cargas altas Bolsas de aire Entrada de aire por el prensaestopas	Comprobar Comprobar Comprobar
Presión excesiva	Velocidad de giro alta	Bajarla si es posible Cambiar el rodete

AVERÍAS EN TRANSMISIONES

Avería	Causas posibles	Corrección
Cojinetes calientes	Falta de alineación Correas demasiado tensas Aceite inapropiado Orificio de engrase obstruido Bolas rotas	Alinear Graduar Comprobar Limpiar Sustituir
Velocidad angular baja	Correas con poca tensión	Tensar
Vibraciones	Falta de alineación Mal acoplamiento elástico	Alinear Sustituir
Desgaste de correas excesivo	Demasiada tensión Falta de alineación	Aflojar Alinear

Localización de averías

En los casos en los que se tiene constancia de la existencia de una avería en el edificio pero no se sabe dónde se encuentra, se pueden emplean las siguientes técnicas:

- **Siguiendo el trazado de las tuberías:** se puede apreciar si existen zonas húmedas. Los tramos más complicados de detectar son los enterrados, puesto que el efecto de filtrado del suelo puede enmascarar la avería

- **Diseño de la red:** una buena información a nivel de planos o sistemas de información geográfica de la red y su posible sectorización ayudará enormemente a la localización de la avería.

- **Prueba de presión para la detección de la fuga:** se pueden localizar puntos de fuga en el interior de las viviendas con la ayuda de los manómetros. Se aísla la vivienda cerrando la llave de paso general y se cierran las llaves de los puntos de consumo para crear un circuito cerrado. Posteriormente, se sustituye el manómetro de rosca en algún punto de consumo cercano al tramo donde se sospeche que está la avería, se somete a presión el tramo en cuestión y se observa la medida del manómetro; si cae la presión en poco tiempo, es que hay una fuga.

- **Georradar:** el radar es un sistema que rastrea el subsuelo y se puede utilizar para localizar redes enterradas.

Detección por georradar

- **Geófono:** instrumento que compara niveles de ruido de la tubería para fugas en exteriores e interiores. Recoge señales acústicas e identifica un ruido de fuga de otros extraños y aísla los externos, localizando así el punto de fuga.

Geófono

■ **Fonómetro:** instrumento que compara niveles de ruido de la tubería para fugas en interiores. Es portátil y manejable.

Fonómetro

■ **Cámaras de TV:** es una técnica de gran ayuda para detectar averías en tuberías que son de difícil acceso.

*Equipos de TV
de inspección de
tuberías*

- **Localización de fugas mediante gases:** es una técnica de gran ayuda
  para detectar fugas de manera muy rápida pero muy costosa. Se emplean gases como el helio o el hidrógeno. Se utiliza para las operaciones
  a las que no llega el geófono o el fonómetro.

 Actividades

12. Ampliar la información técnica sobre los fonómetros y los geófonos y reflexionar si son
    realmente efectivos para el diagnóstico de averías.

5.2. Procedimiento para aislar hidráulica y eléctricamente los diferentes componentes

Antes de realizar las operaciones de reparación de una avería en la instalación de suministro, se debe estar seguro de haber realizado un aislamiento
correcto de la instalación y de la zona en la que se vaya a trabajar.

Aislamiento hidráulico

Las operaciones pertinentes a realizar son:

- **Asegurar el corte del suministro:** buscar la llave de paso general del interior
  de la instalación para cortar el suministro. En caso de existir sectorización

de la red, se deberá consultar en planos la localización de las llaves de corte más próximas a la zona afectada para aislar dicha sección. Esto ayudará también a minimizar las molestias ocasionadas en el suministro por el corte del mismo. Los tramos de red mallados y los *bypass* permiten intercomunicar diferentes zonas de la red por caminos alternativos.

- **Suministro alternativo de agua:** en las zonas que carecen de red mallada, se puede restituir el suministro de forma temporal con tuberías flexibles.
- **Vaciado de tubería:** de existir llaves de desagüe en la red se pueden utilizar para eliminar toda el agua que contenga la tubería en el tramo sobre el que se va a trabajar.

 Nota

Existen métodos de reparación de tuberías en carga, es decir, con la conducción llena de agua.

Aislamiento eléctrico

Es peligroso combinar agua con electricidad. Por eso, si durante las tareas de mantenimiento correctivo se prevé la interacción de ambas instalaciones, hay que realizar las operaciones pertinentes para evitar riesgos eléctricos. Habrá que tomar las siguientes medidas:

- **Asegurar el corte del suministro eléctrico:** buscar los cuadros de protección y accionar los interruptores de desconexión de las fases en las que se va a trabajar. Es importante asegurarse del buen estado de funcionamiento del interruptor diferencial de la instalación general y de los cuadros individuales de los equipos.
- **Comprobación de la puesta a tierra y los dispositivos de corte:** obligatoria para instalaciones con locales mojados con potencia superior a 25 kW, según el Real Decreto 842/2002, de 2 de agosto, por el que se

aprueba el Reglamento electrotécnico para baja tensión; deberán estar en puesta a tierra todas las posibles fuentes de tensión.

■ **Asegurar el buen estado de la instalación eléctrica:** cuando se procede a trabajar en una zona en la que existe cableado eléctrico cercano, o de la propia instalación (por ejemplo, de un grupo de bombeo), es primordial comprobar el estado de la instalación eléctrica para, una vez restablecido el funcionamiento hidráulico, no se produzcan nuevas averías.

■ **Saneado de la avería:** una vez se ha procedido a descubrir o preparar la zona sobre la que se va a trabajar, es muy importante esperar un tiempo prudencial para que la zona se airee y se seque, eliminando restos de humedades que puedan provocar electrocuciones y cortocircuitos muy dañinos y peligrosos.

■ **Protección de las canalizaciones eléctricas:** en caso de trabajar cerca de cableado eléctrico, si este no dispone de la suficiente protección y aislamiento, o está defectuoso, se deberá proceder a su reposición según las prescripciones del Reglamento Electrotécnico para Baja Tensión.

■ **Aislamiento de cuadros eléctricos portátiles de obra:** se deberán proteger de posibles humedades del lugar de trabajo tal y como indica el Reglamento Electrotécnico para Baja Tensión.

■ **Señalización:** acotar, señalizar la instalación eléctrica existente de la zona de trabajo.

Corrugado de protección de cableado eléctrico

 **Actividades**

13. Suponer que se es el responsable de arreglar una tubería de agua que se ha roto en un edificio. ¿Qué mecanismos de aislamiento se deben aplicar antes de proceder a arreglarla? Describirlos y comentarlos.

5.3. Métodos de reparación de los componentes

Las operaciones de reparación más comunes en las instalaciones de suministro y de los edificios son las siguientes.

Soldadura metálica

La soldadura es un tipo de reparación relativamente económica. También es una operación de montaje propiamente dicha, pues las tuberías suministradas por el fabricante se montan por tramos, los cuales se van soldando entre ellos o encajando mediante distintos elementos de unión.

Soldadura oxiacetilénica

Es un tipo de soldadura que no requiere aporte de material externo donde la combustión se realiza por la mezcla de acetileno y oxígeno. Se usa para soldar tuberías metálicas de materiales como cobre y, sobre todo, acero (al carbono e inoxidable).

Soplete para soldadura oxiacetilénica

Soldadura por capilaridad

Es el método más utilizado para reparar tuberías de cobre. El proceso consiste en calentar la pieza, a la que se le aporta un metal que se funde al contacto con ella.

Soldadura por capilaridad

 Consejo

Con piezas mojadas no se consigue una buena soldadura.

Soldadura al arco eléctrico

La soldadura por arco eléctrico con electrodo es la forma más común y económica de soldadura. Se utiliza sobre todo para tuberías de acero y se puede efectuar incluso en tuberías que tengan agua en su interior, siempre y cuando la avería esté en la superficie exterior de las mismas.

Entre el metal a soldar y el electrodo utilizado se aplica una corriente eléctrica, de forma que se origina un arco eléctrico y un aumento de la temperatura, por el aumento de la intensidad de corriente, produciendo la fusión de este y su depósito sobre la unión soldada.

Uniones plásticas

Uniones de PVC

Es la llamada **soldadura en frío** del policloruro de vinilo (PVC), que consiste en el encolado o pegado de dos o más partes por medio de un tercer material adhesivo.

Unión encolada de tuberías de PVC

Sabía que...

Con este procedimiento de unión se obtienen resultados comparables a los de la soldadura tradicional, dando lugar a uniones sólidas, estancas y duraderas.

Soldaduras de PE (polietileno)

Existen dos tipos principales de soldaduras para tuberías de polietileno:

Soldadura a tope por termofusión

El polietileno (PE) es un material termoplástico, de manera que cuando se calienta se vuelve más flexible y deformable. La soldadura por termofusión se produce calentando a la temperatura de fusión las caras de los elementos a unir que, posteriormente, se unen por presión.

Alineación correcta en soldadura de termofusión

Soldadura por electrofusión

Es un método variante de la termofusión por la incorporación de una resistencia eléctrica en el interior del material plástico que al conectarse a la corriente provoca un aumento de temperatura que calienta el material, permitiendo su fusión y posterior unión entre partes.

Este tipo de electrofusión hace que dos tramos de tubería se unan mediante un accesorio intermedio del mismo material, el cual es conectado a la corriente eléctrica. Posteriormente, una vez realizada la fusión, las tres partes pasan a formar parte de una sola pieza.

Importante

Los procedimientos a efectuar en la soldadura por electrofusión son específicos de cada fabricante, deben consultarse previamente para evitar inconvenientes.

Proceso de electrofusión

Actividades

14. Explicar las diferencias entre termofusión y electrofusión.

Otros tipos de uniones

Aparte de los procedimientos ya comentados de soldadura, existen otros como:

Elemento de unión	Descripción
Brida	Permite unir y desmontar fácilmente dos secciones de una tubería o un accesorio mediante bridas atornilladas.

Continúa en página siguiente >>

<< Viene de página anterior

Elemento de unión		Descripción
Abrazadera		Pieza metálica o de otro material resistente que sirve para fijar tuberías.
Manguito		Una misma pieza a la que se le acoplan las partes que se quieren unir.
Unión roscada metálica		En tuberías metálicas de pequeño diámetro se utilizan estos tipos de uniones.
Unión roscada plástica		Se usa en tuberías plásticas de polipropileno y en polietileno PE40 (antigua denominación para el PE de baja densidad).
Teflón		Teflón: politetrafluoroetileno (PTFE), es un polímero muy resistente a la abrasión química que coloca en las juntas de unión para evitar fugas de agua en tuberías y llaves de paso. Es un magnífico aislante, térmico y eléctrico.

Recuperación de tuberías por revestimiento interno

Encaminadas a la mejora de la eficiencia energética en el mantenimiento eficiente de las instalaciones, se presentan las técnicas de rehabilitación de tuberías sin zanja. Son técnicas sencillas, versátiles y económicas para la rehabilitación de tuberías sin obras exteriores.

Resina epoxi

Consiste en un nuevo proceso para la recuperación y la restauración de las tuberías de hierro, cobre, plomo y plástico que permite obtener unos resultados muy satisfactorios sin grandes reformas de obra civil complementarias. Consiste en una resina epoxi que se aplica en el interior de los tubos. Este sistema soluciona problemas de pequeñas fugas en las tuberías, formando una capa interior que las elimina, solucionando también las pequeñas fugas por el roscado de tubos y pequeñas picaduras debidas a las corrosiones.

El proceso de aplicación es el siguiente:

- ▌ Vaciado y secado de las tuberías.
- ▌ Limpieza y pulido del interior de las tuberías mediante corriente de aire a presión con corindón para arrastrar restos no deseados.
- ▌ Aplicación de la resina epoxi en el interior de las tuberías mediante un flujo continuo de aire a presión y los dos componentes de la resina epoxi.

Rehabilitación de una tubería con resina epoxy

? Sabía que...

El corindón es un óxido de aluminio con un grado de dureza muy alto (9) solo superado por el diamante.

Packers flexibles

La reparación usando este sistema conlleva un recubrimiento de la conducción mediante una camisa que proporciona una perfecta estanqueidad y un refuerzo de las propiedades mecánicas del tubo.

El sistema consta de:

- **Camisa de fibra de vidrio:** es el material que quedará recubriendo la conducción internamente y adherido a la tubería mediante una resina de dos componentes especial.
- **Resina de dos componentes.**
- *Packers:* son rodillos móviles que se introducen en la tubería transportando la camisa que se adherirá al tubo.

Todo el proceso se controla mediante un equipo de inspección por cámaras de televisión.

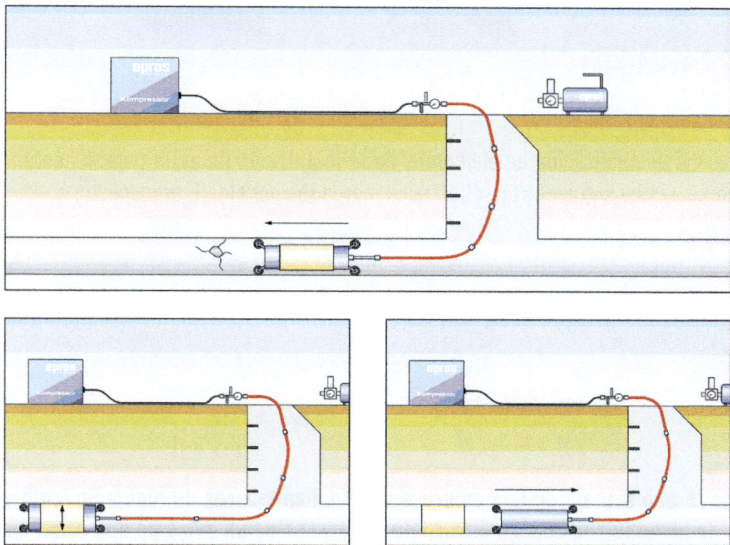

Proceso de rehabilitación con packers

Compact Pipe

Este sistema consiste en introducir una segunda canalización plástica muy flexible y plegada en forma de C dentro de la tubería dañada.

Una vez que la nueva canalización está completamente introducida en la conducción dañada, se aplica vapor en el interior para que la manga nueva recobre su forma original, aplicándose aire frío posteriormente para que se ajuste la nueva canalización a la sección interior de la tubería dañada.

Aplicación de Compact Pipe

Recuerde

En casos de sustitución de elementos de la instalación de agua potable, estas deberán llevarse a cabo siguiendo las directrices marcadas por el CTE al respecto.

Aplicación práctica

Suponga que trabaja en una empresa que realiza labores de mantenimiento y reparación de instalaciones de suministro de agua y recibe un aviso de que existe una avería en un edificio de oficinas al que debe acudir inmediatamente a repararla. Tan solo le han informado por teléfono de que se trata de una tubería metálica de la tercera planta que está arrojando el agua sin parar. Diga qué material de trabajo deberá transportar para poder hacer frente a la avería y cómo procedería una vez se encuentre en el lugar de la incidencia.

SOLUCIÓN

En principio, el equipo de soldadura oxiacetilénica podría valer para reparar la tubería que está dañada.

Se va a necesitar: alguna sierra de corte para metales, limas, mandril, martillo, mazas, llave fija, llave inglesa, llave Stilson, curvadora de tubos y tornillo sujeta tubos.

Una vez se llega al lugar de la avería, lo primero es comprobar que no existe riesgo eléctrico en la zona donde se va a trabajar y buscar la llave de paso general del interior de la instalación para aislar hidráulicamente la zona de trabajo. Se deberá preguntar al responsable de mantenimiento del edificio por las llaves de corte más próximas a la zona afectada para aislar dicha sección de la red y poder arreglarla con la tubería vacía. Para ello, una vez cortado el suministro de la zona en la que se va a trabajar, se deberá esperar a vaciar el tramo de tubería afectado.

Posteriormente, se procede a cortar el tramo de tubería dañado y reparar mediante soldadura oxiacetilénica el tramo dañado ya que se ha visto que es una tubería de cobre.

Continúa en página siguiente >>

<< Viene de página anterior

Se procede a restablecer el suministro de agua y se comprueba la eficacia de la reparación observando que no existen fugas. Una vez reparado el tramo de tubería, se le deberá aplicar el revestimiento exterior que corresponda o exista en dicha instalación para ese tipo de tubería metálica concreto según la norma UNE al efecto.

6. Registro y control de operaciones de mantenimiento

Hasta este punto se ha analizado el mantenimiento (tanto preventivo como correctivo) desde el punto de vista de la programación prevista y las operaciones a realizar. Tras la realización de estas operaciones, habrá que dejar constancia documental de las mismas, en la forma estipulada por los reglamentos a aplicar tanto a cada componente de forma individual, como en el conjunto de la instalación. A continuación se expone la metodología de registro y control de las operaciones realizadas.

6.1. Plan estratégico de mantenimiento preventivo

A partir del programa de mantenimiento se elabora el plan estratégico, el cual traslada las necesidades marcadas en el programa de mantenimiento y en los protocolos de mantenimiento a la zona de registro. El plan estratégico es similar a un listado de chequeo, o *checklist,* general que permite controlar que se ejecutan las operaciones en su debido tiempo según la programación establecida.

A continuación se aporta un ejemplo tipo de programa de mantenimiento y de plan estratégico realizado para los depósitos, excluyendo aquí los registros de análisis de cloración como es pH, cloro y temperatura.

Nombre de la empresa: _____

Sección: depósitos - mantenimiento preventivo

Código	Operación	Responsable	Frec.	Protocolo
1	Revisión del estado de conservación y limpieza.	Técnico especialista	3 meses	Comprobación del buen estado de limpieza
2	Limpieza del exterior y desinfección del interior del depósito.	Técnico externo homologado	6 meses	Agua a presión y desinfección con cloro.
3	Chequeo generalizado de la instalación.	Técnico especialista	Anual	Revisión general

FREC.: frecuencia, P: permanente,
M: mensual, 2M: cada dos meses,
3M: cada tres meses, 6M: cada
6 meses, A: anual, 2A: cada
dos años, 5A: cada 5 años.

Sección: depósitos. Año 20XX

Código según programa de mantenimiento	Leyenda: P = programado X = ejecutado											
	Mes del período anual											
	1	2	3	4	5	6	7	8	9	10	11	12
1			P			P			P			P
2	P						P					
3												P

Aplicación práctica

Suponga que es un técnico que acaba de entrar como responsable de un equipo de mantenimiento en la empresa Mantenedores S. L. y, revisando la documentación en el mes de agosto de 2024, se encuentra con el plan estratégico desarrollado para una comunidad de vecinos. Revisando las operaciones de mantenimiento de los depósitos de agua se encuentra la siguiente ficha de dicho plan, el cual contiene las operaciones de revisión y limpieza exclusivamente. ¿Qué indica la ficha? ¿Qué documentos e información adicionales deben corresponder a la misma si encuentra alguna anomalía?

Sección: depósitos. Año 2024												
N.º según programa de mantenimiento	Leyenda: P = programado X = ejecutado											
	Mes del período anual											
	1	2	3	4	5	6	7	8	9	10	11	12
1			P-X			P-X			P-			P-
2	P-X		X				P-		P-			
3												P-

SOLUCIÓN

Se puede observar que las operaciones de comprobación visual del estado de conservación y limpieza programada cada tres meses del depósito se han realizado correctamente. La operación de limpieza del depósito programada cada seis meses no se ha hecho este año en el segundo semestre (en el mes de julio) y se ha reprogramado para septiembre. Aún no se sabe por qué motivo. Será necesario comprobar las hojas de registro del libro del edificio para comprobar por qué se ha producido dicha reprogramación.

6.2. Registro de incidencias y de operaciones de mantenimiento

Con la entrada en vigor del Código Técnico de la Edificación se hace imprescindible llevar un registro de operaciones de mantenimiento que se realicen en el edificio, que deben quedar incluidas en libro del edificio.

En el registro de operaciones de mantenimiento se detallan de forma sucesiva las operaciones de mantenimiento, tanto correctivo como preventivo, que se realizan en el edificio. El registro de operaciones estará dividido, en primer lugar, entre registro de mantenimiento preventivo y correctivo. Dentro de cada uno de estos, estará subdivido por equipos o partes de la instalación. Por cada operación se redactará un breve enunciado de la misma, su descripción y la fecha correspondiente.

Este documento lo debe rellenar la empresa mantenedora, firmándose por los responsables del edificio y quedando copia para las dos partes. No obstante, será responsabilidad de la propiedad el seguimiento y la actualización del registro. A continuación se expone un modelo de ejemplo de registro.

Hoja n.º	Registro de operaciones de mantenimiento preventivo del edificio	
Act. n.º	Asunto: instalación de suministro de agua fría	Fecha
1	Breve enunciado:	__/__/____
	Descripción:	
	Empresa que realiza el servicio:	
El presidente de la comunidad Fdo:	El secretario de la comunidad Fdo:	
2	Breve enunciado:	
	Descripción:	

Actividades

15. ¿Qué operaciones deben registrarse en el libro del edificio y qué documentos debe incluir?

6.3. Registro de operaciones de mantenimiento relacionadas con la legionelosis

Con la entrada en vigor del Real Decreto 487/2022 sobre legionela se hace imprescindible llevar un registro de todas las operaciones de mantenimiento, limpieza y desinfección relacionadas con el tratamiento sobre legionelosis que se realicen en el edificio.

Actividades

16. ¿Qué órgano administrativo debe llevar el control sobre el mantenimiento preventivo obligatorio de las instalaciones con riesgo de legionela?

6.4. Registro de operaciones en el historial de equipos

Los protocolos de mantenimiento preventivo a seguir para cada equipo incluirán un registro interno o *checklist* que permita comprobar que se han realizado cada una de las tareas de mantenimiento previstas.

A continuación se expone un ejemplo llevado a la práctica para los grupos de bombeo.

Programa de mantenimiento de grupos de presión

Revisión mensual	Actual: __/__/20__	Próxima: __/__/20__

Operación	*Check*	Indicaciones
Verificar estado general y ausencia de fugas	☐	Comprobar ausencia de fugas de líquido por el prensaestopas y posible entrada de aire por el mismo. La empaquetadura del prensaestopas debe ser sustituida sistemáticamente de 3 a 6 meses.
Lubricación de cojinetes	☐	Lubricar cada 500 horas de funcionamiento. Cambiar los lubricantes sin variaciones de color o contaminación por partículas o descomposición por altas temperaturas y humedad. No se recomienda el uso de solventes clorados de ningún tipo para limpiar los cojinetes. Un funcionamiento inadecuado de los cojinetes da lugar a ruidos, vibraciones y desgastes.
Alineación del grupo, estado de anclajes y antivibratorios	☐	Comprobar la alineación del equipo motor bomba. Verificar el acoplamiento con los impulsores. El eje de la bomba y del motor deben estar a la misma altura.
Comprueba 1	☐	Comprobación de cuadro eléctrico y manómetros, presiones de arranque/parada, alternancia de bombas, poniendo en funcionamiento la de reserva.
Comprueba 2	☐	Ausencia de ruidos extraños y calentamientos anormales.

1. Mantenimiento realizado por:
2. Estado del equipo al fin del mantenimiento:
3. Incidencias observadas:

EQUIPO

Marca: _____ Modelo:_____

Caudal: _____ m³/h Presión: _____ mca

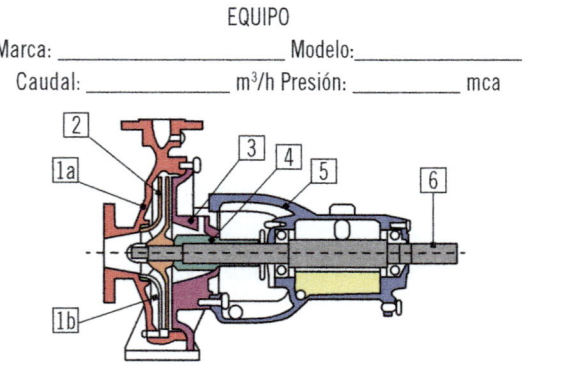

1a. Carcasa, 1b. Cuerpo de bomba, 2. Rodete, 3. Tapa de impulsión, 4. Cierre del eje, 5. Soporte de cojinetes, 6. Eje.

Aplicación práctica

Suponga que es el técnico encargado de rellenar los documentos de registro de operaciones de la empresa anterior. A la vista del plan de revisiones presentado en la aplicación anterior, rellene el registro de operaciones de mantenimiento para incluirlo en libro del edificio, suponiendo que estuviera ahora en el mes de marzo de 2024, y analice qué información se extrae de aquí en comparación con la aplicación anterior.

SOLUCIÓN

Las operaciones registradas en el libro del edificio son las siguientes:

Hoja n.º	Registro de operaciones de mantenimiento del edificio la alegría	
N.º	Asunto: instalación de suministro de agua fría	Fecha
1	Breve enunciado: Limpieza programada semestral depósito	08/01/2024
	Descripción: Se ha procedido a la limpieza del depósito con agua a presión y se ha realizado la cloración posterior conforme al protocolo marcado.	
	Empresa mantenedora: Mantenedores S. L.	
	El presidente de la comunidad Fdo:	El secretario de la comunidad Fdo:
2	Breve enunciado: Comprobación visual trimestral	01/03/2024
	Descripción: Se ha inspeccionado el aspecto general del depósito de agua potable y se ha comprobado un mal estado con restos de suciedad, no encontrándose indicios de corrosión o incrustaciones. Se aconseja realizar una limpieza del mismo.	
	Empresa mantenedora: Mantenedores S. L.	
	El presidente de la comunidad Fdo:	El secretario de la comunidad Fdo:

Continúa en página siguiente >>

<< Viene de página anterior

Hoja n.º	Registro de operaciones de mantenimiento del edificio la alegría	
N.º	Asunto: instalación de suministro de agua fría	Fecha
3	Breve enunciado: Limpieza no programada de depósito	03/03/2024
	Descripción: Debido a la inspección programada de marzo, se ha efectuado una limpieza extraordinaria del depósito conforme al protocolo marcado. La suciedad acumulada encontrada en el fondo, lo más probable es que tenga su origen en unas averías en la red general de abastecimiento las cuales nos comunican desde la propiedad del edificio.	
	Empresa mantenedora: Mantenedores S. L.	
	El presidente de la comunidad Fdo:	El secretario de la comunidad Fdo:

Analizando las hojas de registro del libro del edificio se observa que en la revisión de marzo se comprobó la existencia de suciedad excesiva en el depósito por una avería que hubo en la red general y se procedió a la limpieza del mismo.

 Actividades

17. Confeccionar una hoja de *checklist* para las conducciones, las acometidas y los contadores con los datos que posee del programa preventivo de dichos elementos.

7. Resumen

En este capítulo se han aportado los puntos básicos a ejecutar para obtener un buen plan de mantenimiento preventivo, así como la forma de desarrollo posterior del mismo.

Se han detallado los elementos sobre los que hay que realizar mantenimiento: acometidas, contadores, depósitos, grupos de presión, conducciones, valvulería y sistemas de protección de incendios.

Hoy en día, siendo ya una realidad, el mundo del mantenimiento ha entrado en la senda, creemos que correcta, de asegurar la eficiencia energética y, en este caso, eficiencia hidráulica. Para ello se han apuntado las medidas básicas para crear un programa de gestión hidráulica eficiente.

Asimismo, se ha explicado cuál es la forma correcta de proceder en el mantenimiento correctivo, mostrando las herramientas más habituales que permitan realizar el diagnóstico de las averías y los procedimientos de reparación.

Por último, para certificar todas las operaciones inherentes al mantenimiento, se aportan medidas de control y registro de operaciones como son el plan estratégico que parte del programa de mantenimiento y el registro de operaciones.

Ejercicios de repaso y autoevaluación

1. **De las siguientes afirmaciones, indique cuál es verdadera o falsa.**

   a. La Ley 38/1999, de 5 de noviembre, de Ordenación de la Edificación (LOE) dice que no son obligaciones de los propietarios conservar en buen estado la edificación mediante un adecuado uso y mantenimiento.

   ☐ Verdadero
   ☐ Falso

   b. El Compact Pipe es una técnica muy útil de detección de tuberías enterradas.

   ☐ Verdadero
   ☐ Falso

   c. La soldadura por electrofusión es una técnica empleada para unir tuberías de polietileno.

   ☐ Verdadero
   ☐ Falso

2. **Relacione cada operación de mantenimiento con el tipo de mantenimiento al que pertenece.**

   a. Lubricar cojinetes de una bomba.
   b. Soldar una tubería rota.
   c. Instalar relés de parada de emergencia en llaves de paso.

   __ Gestión energética.
   __ Preventivo.
   __ Correctivo.

3. ¿Qué es el libro de mantenimiento, para qué sirve, qué incluye, desde cuándo es obligatoria su existencia y quién lo debe elaborar?

_____

_____

_____

_____

4. ¿Qué normativa es de aplicación en los sistemas de abastecimiento de agua para protección de incendios?

_____

_____

5. ¿Cómo se contagia la legionela?

_____

_____

6. El último paso del protocolo de limpieza y desinfección de los depósitos y tuberías contra la legionela establece que...

   a. ... se deben limpiar a fondo las superficies eliminando las incrustaciones y adherencias y realizando las reparaciones necesarias.
   b. ... se deben utilizar biocidas y biodispersantes para la desinfección, así como controlar el pH.
   c. ... se debe recircular el sistema durante el tiempo establecido para el biocida utilizado, y neutralizarlo una vez finalizado el proceso.
   d. ... se deben llenar de agua y restablecer las condiciones.

7. ¿Cuál NO es un punto crítico de consumo de agua de una instalación de suministro de agua?

   a. Los sistemas de riego automático.
   b. Las piscinas.
   c. Las tuberías de PVC.
   d. Todas las opciones son incorrectas.

8. Indique cuál de las siguientes herramientas utilizadas por un profesional se utiliza para la realización de roscas en los tubos o tornillería.

    a. Curvadora
    b. Destornillador
    c. Terraja
    d. Maza

9. Cite las etapas que se llevan a cabo en el protocolo utilizado en el proceso de gestión energética.

_____

_____

_____

_____

10. Relacione cada operación de soldadura con el tipo de material.

    a. Capilaridad.
    b. Acetilénica.
    c. Electrofusión.

    __ Cobre.
    __ Polietileno.
    __ Acero.

11. En el ámbito de la identificación de gastos excesivos de agua, ¿por qué las fugas en un sistema con equipo de presión son más fáciles de detectar?

_____

_____

12. **En la documentación de registro de mantenimiento preventivo, el plan estratégico sirve para...**

    a. ... empezar a redactar el programa de mantenimiento.
    b. ... decidir cómo afrontar una avería.
    c. ... llevar un control exhaustivo de las tareas realizadas.
    d. Todas las opciones son incorrectas.

13. **Convierta las siguientes unidades de medida.**

    a. 20 mca en Pa,Kp/cm^2
    b. 1m^3/s en l/s, m^3/h.

14. **Si una bomba o grupo de presión proporciona un caudal bajo con respecto al caudal de funcionamiento normal, podrá deberse a...**

    a. ... la entrada de aire por el prensaestopas.
    b. ... el motor se encuentra en cortocircuito.
    c. ... está girando a una alta velocidad.

15. **Complete.**

El golpe de ariete se reconoce de forma muy característica por el _____ que provoca; es un golpe similar al que emite un _____ y se puede percibir como un fuerte golpe cuando se _____ el grifo _____, o como una serie de _____.

Capítulo 2

Informes de eficiencia de las instalaciones de suministro de agua y saneamiento

Contenido

1. Introducción

En este manual se exponen metodologías que dotan al alumno de las capacidades necesarias para analizar con criterio las instalaciones existentes y poder tomar decisiones a la hora de evaluar técnicamente las posibles soluciones desde la perspectiva del ahorro y la eficiencia en el consumo de agua. Para cumplir con este objetivo se exponen algunos mecanismos que permiten ahorrar agua, aumentando la eficiencia en las instalaciones. Se explica, asimismo, la forma de calcular el ahorro producido.

El reflejo de los resultados obtenidos en los análisis de las instalaciones se estudiará en los diferentes tipos de documentos, confeccionados a tal efecto, como son los informes técnicos y las memorias justificativas.

Como complemento de todas las medidas, al final del capítulo se citan algunas herramientas informáticas básicas para la elaboración de dichos documentos.

2. Informes técnicos. Tipos de informes

El informe técnico es el documento que refleja por escrito la observación y el análisis de las circunstancias que afectan a la cuestión que se examina, por ejemplo, una instalación de suministro de agua. En el informe se describe un proceso, los resultados de una investigación técnica o el estado de un problema técnico, exponiendo razonamientos técnicos y económicos para obtener conclusiones finales de la cuestión que se considere.

El tema o asunto sobre el que trata el informe técnico no es de libre elección por parte del autor, ya que responde a la exigencia o la necesidad de dar cuenta de algo determinado, como puede ser el estado de una instalación de suministro de agua.

Hay varios tipos de informes en función del objetivo para el que se solicite:

- **Informe de inspección y análisis:** en este tipo de informes se habrán de exponer las circunstancias observadas por el técnico competente según la problemática objeto de la inspección.
- **Informe de ensayo:** en este tipo de informes se habrán de exponer las circunstancias observadas por el técnico competente tras la realización de distintos ensayos específicos sobre los elementos que conforman la instalación: agua, material, suelo, etc.
- **Informe administrativo:** normalmente se desarrolla con el objetivo de obtener algún permiso o licencia, dar de alta una instalación o realizar alguna modificación en ella.
- **Informe pericial o judicial:** normalmente se realiza para exponer una situación o explicar un suceso que ha acontecido dentro del ámbito técnico, y hacerlo de la forma más imparcial posible, exponiendo razonamientos y argumentos que derivan de la experiencia y el campo de trabajo del autor o perito.

2.1. Informe de análisis e inspección

Se va a desarrollar este tipo de informes ya que serán los más adecuados para reflejar la evaluación de la eficiencia hídrica y energética de las instalaciones de suministro de agua y saneamiento, o para reflejar los resultados de alguna investigación o estudio relacionado con la eficiencia en el consumo. Se exponen dos tipos:

- Informes de evaluación de la eficiencia hídrica y de mejora de una instalación de suministro.
- Informes de evaluación del consumo.

Informes de evaluación de la eficiencia hídrica y mejora de la instalación

En ellos se exponen y analizan las condiciones de una instalación existente, describiéndose sus características y cuantificando el consumo de agua que se está llevando a cabo, proponiéndose, en su caso, mejoras técnicas para aumentar la eficiencia en el consumo de agua.

Este tipo de informes se redactan a petición de la persona o entidad que regente la propiedad o la administración de un edificio que alberga alguna instalación de suministro de agua en la que se quiere realizar trabajos para mejorar la eficiencia de la misma, como pueden ser: persona física o jurídica propietaria de un edificio o vivienda unifamiliar, comunidades de propietarios, administradores de fincas, etc.

Informe de evaluación del consumo

Informe que caracteriza y valora los resultados obtenidos con el objetivo de determinar cómo ha evolucionado el consumo después de haber implantado medidas de eficiencia hídrica en las instalaciones de una comunidad, de haber promovido una campaña de consumo responsable, etc.

2.2. Estructura básica del informe técnico

No existe una norma que refleje la estructura básica que debe tener el informe técnico. No obstante, se aportan a continuación algunas directrices de tipología básica del informe, cualquiera que sea su naturaleza.

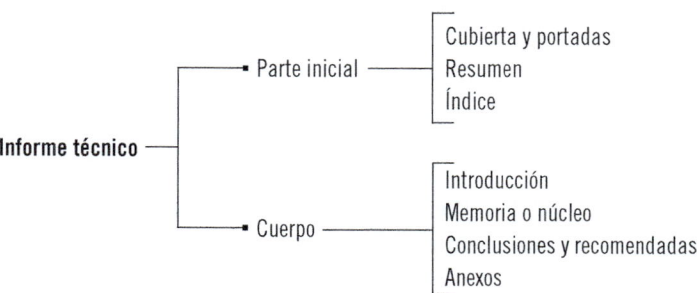

Parte inicial

Corresponde a la primera toma de contacto visual del informe con el lector. Contiene los siguientes elementos en el orden que se citan.

Cubierta y portadas

La cubierta y las portadas sirven de protección y de presentación tanto para el exterior como para el interior del informe, respectivamente. La información que debe aparecer es:

- Nombre y datos de la empresa o particular que lo solicita.
- Título y subtítulo del informe.
- Nombre del autor o autores del informe.
- Fecha de realización.

Resumen

Es una síntesis del global del informe en la cual se expresa, en muy pocas palabras, el objetivo, el método y el resultado del mismo. Es importante porque puede ser que muchos lectores se ciñan solo a esta parte del informe.

Índice

Es una relación numerada que ubica cada una de las partes integrantes del cuerpo del informe a través del número de página.

Cuerpo

Es la parte donde se recogen los datos principales del informe permitiendo al lector adquirir un conocimiento general y completo de la situación estudiada. Para ello, se deberá incluir las siguientes partes:

- Introducción.
- Memoria o núcleo.
- Conclusiones y recomendaciones.
- Anexos.

Introducción

Es una parte fundamental de cualquier informe. Todo cuerpo de un informe debe comenzar con una introducción que defina de forma breve:

- El objeto del análisis, definiendo por qué se realiza dicho análisis y cuál es el problema.
- El alcance del informe: sitúa al lector en el escenario en que se encuadra y hasta qué nivel profundiza.
- Posible relación entre el trabajo en cuestión y otros anteriores.

Memoria o núcleo

Es la parte central del informe. Puede estar dividida en capítulos o apartados que, entre todos, cubran los siguientes puntos clave:

- **Antecedentes:** descripción de la situación problema que da origen al estudio realizado.
- **Descripción de los métodos:** procedimientos o teorías que se van a usar para llevar a cabo la investigación o recolección de datos.
- **Resultados:** en este punto se exponen de forma objetiva los resultados obtenidos o hechos encontrados en la investigación o análisis.
- **Discusión de los resultados:** en este punto se realiza un análisis subjetivo de los resultados obtenidos relacionando posibles causas, problemas y resultados.

Conclusiones y recomendaciones

Una vez obtenidos y discutidos los resultados del análisis efectuado se aportan las conclusiones, que el técnico redactor obtiene debido a su experiencia y conocimiento. Deben ser un reflejo fiel y ordenado de las deducciones obtenidas a raíz de los resultados arrojados por el trabajo descrito en la memoria.

Las recomendaciones son expresiones concisas para el futuro de la instalación a consecuencia directa de las conclusiones obtenidas. No siempre deben aparecer, solo si son requeridas por el solicitante del informe.

Como herramienta para llevar a cabo estas recomendaciones pueden incluirse los estudios de alternativas de mejora de una instalación.

 **Definición**

Estudio de alternativas
Supone la realización de una comparativa de varias opciones posibles que permite alcanzar un objetivo común por diferentes vías, eligiéndose la más adecuada a través de, por ejemplo, un análisis multicriterio.

Anexos

Los anexos son elementos que acompañan y complementan al contenido de la memoria o núcleo. Deben ser extraídos y mostrados fuera del texto principal porque pueden turbar la armonía de lectura y la comprensión del texto debido a su tamaño, o porque se quieran omitir para el destinatario convencional, para no sobrecargar la información, pero ser interesantes para el especialista. Los más habituales pueden ser de tipo:

- Cálculos, imágenes o tablas adicionales.
- Esquemas, croquis y planos.
- Reportes de aplicaciones informáticas empleadas.
- Valoraciones económicas.

3. Memorias justificativas

La memoria justificativa es el documento que describe, con respecto a una instalación de suministro de agua, las características actuales de la misma y que puede exponer, asimismo, los detalles de una posible modificación de una instalación.

La memoria justificativa puede elaborarse como respuesta a distintas necesidades:

- Ser parte de un proyecto técnico, ya sea de carácter básico o de ejecución.
- Puede ser requerida por parte de la propiedad que va a realizar la obra, con o sin que medie proyecto o trámite administrativo, con objeto de analizar el estado actual, evaluar una posible modificación de la misma y, finalmente, relacionar los pormenores de dichas modificaciones.
- Ser un documento requerido en algún trámite administrativo como la obtención de una licencia o subvención para alguna obra nueva o de reforma.

 Ejemplo

Una muestra de memoria justificativa de tipo administrativo es la memoria justificativa de la remodelación de una instalación de agua fría para instalar aparatos sanitarios de mayor eficiencia para recibir una ayuda tipo municipal.

Es lógico que la memoria justificativa se proceda a redactar en un punto temporal más avanzado que el informe técnico respecto a la intención de realizar la actuación por parte de la propiedad y, por tanto, posea más nivel de detalle en la descripción de las posibles obras. No obstante, puede ser redactada sin que medie informe previo. En caso de coexistir informe y memoria, la secuencia lógica de actuaciones sería:

- Reconocimiento de la existencia de una problemática en la instalación.
- Redacción del informe técnico al respecto.
- Aprobación del informe técnico y selección de propuestas.
- Redacción de la memoria justificativa.

Actividades

1. Investigar en la documentación que la compañía de abastecimiento de agua de su población tiene a disposición de sus abonados, como son los informes o las memorias justificativas o descriptivas que es necesario entregar para dar de alta una instalación.

3.1. Estructura básica de la memoria justificativa

No existe una norma predeterminada que refleje la estructura básica que debe tener la memoria justificativa. No obstante, se aportan a continuación algunas directrices.

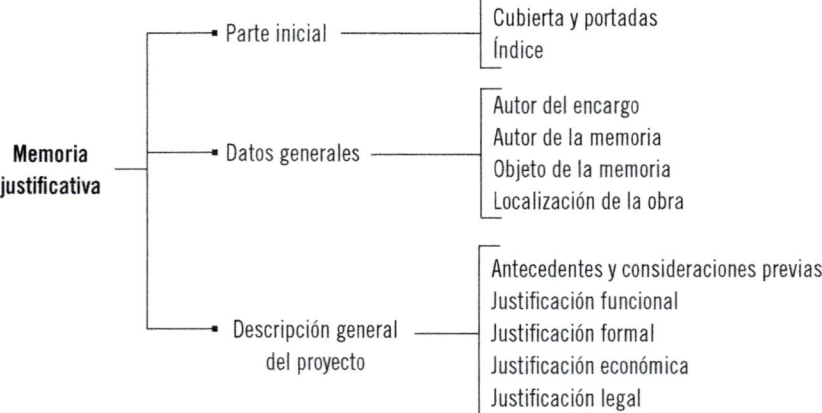

Nota

La estructura que aquí se expone es similar a la que se usa en los proyectos de instalaciones de edificación, que bien podría servir de modelo exacto cuando la memoria forma parte de un proyecto técnico o se realiza a requerimiento de la propiedad con objeto de analizar el estado actual, evaluar una posible modificación de la misma, etc. Una memoria destinada a un órgano o entidad pública, privada o administrativa de cualquier índole puede tener características y requerimientos diferentes según se perciba por dicha entidad u organismo.

Parte inicial

Hace una función similar a la descrita para los informes. Contiene lo siguiente:

- **Cubierta y portada:**

  - Título y subtítulo de la memoria.
  - Nombre y datos de la empresa o particular que la solicita: aquí se indican el nombre o los datos sociales de la empresa que encarga el estudio.
  - Nombre del autor de la memoria justificativa: aquí se indica el nombre de la empresa o persona que realiza la memoria.
  - Fecha de realización.

- **Índice:** al igual que en el informe técnico, es una relación numerada que debe contener las principales divisiones y subdivisiones de la memoria justificativa, ubicando cada una de ellas dentro de la memoria.

Datos generales

Constituye la primera parte del contenido principal de la memoria o núcleo, la cual sirve de introducción. Incluye los siguientes puntos:

- **Empresa o persona que solicita el encargo:** en este punto se vuelve a mencionar el nombre.
- **Autor de la memoria justificativa:** en este punto se vuelve a mencionar el nombre.
- **Objetivo de la memoria justificativa:** explicar de manera sucinta para qué se realiza dicha memoria y cuál es el problema a resolver.
- **Localización de la obra:** indicar dónde se encuentra la instalación objeto de estudio.

Descripción general del proyecto

Esta tercera parte contiene el contenido principal de la memoria, la cual proporciona los detalles preceptivos. Consiste principalmente en aportar los datos primordiales de la actuación que permiten argumentar el trabajo realizado. Incluye los siguientes puntos:

Antecedentes y consideraciones previas

En este punto se describe cualquier consideración importante que esté relacionada con el origen del trabajo, si la memoria está precedida de algún otro anteproyecto o informe previo, etc.

Justificación funcional

Aquí se exponen las características actuales de la instalación, así como la conveniencia de efectuar determinados cambios para mejorar una instalación de suministro de agua desde el punto de la óptica de eficiencia en el consumo de agua.

Justificación formal

Se describe la nueva instalación, incluyendo los diferentes esquemas de funcionamiento de la instalación futura, y cómo cambiaría la situación con las modificaciones realizadas.

Justificación económica

En este punto se aporta un presupuesto detallado de la solución adoptada, que suele ser consensuado con la empresa o persona solicitante del estudio. En este punto se puede incluir la justificación económica de desvío del presupuesto, en caso de que lo hubiera, con respecto a alguna memoria, informe o estudio anterior.

 Actividades

2. Con las instrucciones aportadas, pensar cuáles son las diferencias más significativas entre la forma de redactar una memoria justificativa y un informe técnico.

 Ejemplo

Se quiere calcular el ahorro que se podría obtener en caso de cambiar todos los aparatos de consumo de una vivienda de tres personas con un cuarto de baño con un inodoro, una ducha y un lavabo, más un fregadero en la cocina, además de cambiar por completo los hábitos de uso hasta ahora despreocupados por otros más responsables que los habitantes de dicha casa siempre habían realizado. Los cambios han consistido en sustituir la instalación antigua por completo:

❙ Inodoro de simple descarga por uno de doble descarga.
❙ Grifería antigua de la ducha, el lavabo y el fregadero sin mezcla automática ni regulador de caudal por grifería nueva con mezcla automática y regulador de caudal.

Continúa en página siguiente >>

<< Viene de página anterior

Teniendo en cuenta los aparatos de los que dispone la casa y que van a ser sustituidos, y que los datos de consumo previstos para cada uno de ellos son los que se incluyen en la siguiente tabla, el ahorro calculado queda de la siguiente manera:

| Sistema | Consumo previsto vivienda (m³/ año) | | | | | |
| | Inodoro | | | Fregadero | | |
	N.º	Consumo	Total	N.º	Consumo	Total
Antiguo consumo inadecuado	1	78,84	78,84	1	100	100
Nuevo con consumo responsable	1	23	23	1	14,6	14,6
		Ahorro	55,84			85,4

| Sistema | Consumo previsto vivienda (m³/ año) | | | | | |
| | Inodoro | | | Fregadero | | |
	N.º	Consumo	Total	N.º	Consumo	Total
Antiguo consumo inadecuado	1	112	112	1	153,3	153,3
Nuevo con consumo responsable	1	23	23	1	53,66	53,66
		Ahorro	89			99,64

AHORRO TOTAL = 55,84 + 85,4 + 89 + 99,64 = 329,88 (m³/viv. año)

Teniendo en cuenta que el precio medio del metro cúbico en España está en 1,90 euros/m³ (según datos del INE. Año 2020: Encuesta sobre el Suministro y Saneamiento del Agua del 2020) el ahorro económico podría ser de: 329,88 m³ / año x 1,90 € / m³ = 626,78 € / año.

Justificación legal

Aquí se expone la normativa que sea de obligado cumplimiento para llevar a cabo la actuación propuesta y para el funcionamiento durante su vida útil: CTE y otras normas estatales, autonómicas, municipales, pliegos de prescripciones técnicas, reglamentos, normas UNE, etc.

Anexos

Los datos que complementan a una memoria justificativa se pueden incluir en una memoria constructiva y de cálculo en la que se aportan los procedimientos empleados para el cálculo y los planos de apoyo a la descripción de las instalaciones.

 Actividades

3. Analizar el tipo de instalación sanitaria de la vivienda personal, el comportamiento de los habitantes de la misma al usarla y calcular cuánta agua están consumiendo. Compararlo con las últimas facturas de la compañía y pensar qué formas de ahorrar agua se podrían aplicar si se es el responsable de dicha instalación.

4. Mediciones y valoraciones. Presupuestos

Los diferentes documentos analizados en este manual, como los informes técnicos y las memorias justificativas, en algunos casos son susceptibles de ser complementados por un presupuesto que acompañe al estudio. Esta situación tiene lugar, entre otros casos, si la memoria o el informe están redactados con objeto de modificar una instalación existente en la que el nivel de eficiencia hídrica no sea el deseado y se quiera mejorar.

La confección de un presupuesto, en base a los datos de los que se dispone en el informe o la memoria a la que acompañe, consiste en contabilizar todos los costes que, de una u otra manera, inciden en la construcción, transformación o fabricación de un elemento, obra o instalación que se pretenda mejorar. Los presupuestos se componen de varias partes principales:

- **Las mediciones:** corresponde a la cuantificación de los diferentes elementos que constituyen la obra.
- **Los precios:** representan los importes establecidos para cada uno de los elementos que constituyen la obra.
- **La valoración:** corresponde a la parte central del presupuesto que relaciona los precios y las mediciones, dando como resultado una valoración del conjunto de la obra.
- **Resumen de presupuesto:** consiste en presentar la valoración de forma resumida y agrupada.

Consejo

Para que una propuesta técnica de una memoria o informe quede definida completamente debe ser acompañada de un presupuesto lo más real posible. Una buena valoración no siempre es aquella que ofrece más detalle sino la que más se aproxima al coste real de la ejecución.

4.1. Mediciones

Las mediciones representan la cuantificación de cada una de las unidades de obra en cada apartado de la valoración, o lo que es lo mismo: permiten determinar cuáles, dónde y en qué cantidad y unidades deben aparecer cada una de ellas dentro del presupuesto. Toda medición debe ir acompañada por la unidad de medida correspondiente, sean unidades (por ejemplo: ud de válvula de corte totalmente instalada y controlada), metros lineales (por ejemplo: ml de tubo de PVC rígido D = 29 mm), etc.

Ejemplo

La siguiente unidad de obra de código AC06 y denominada **Reposición de pavimento vía pública** aparece en el subcapítulo 01.01 con una línea de medición de 1,50 m², que procede de multiplicar 5 ml de longitud por 0,30 de ancho.

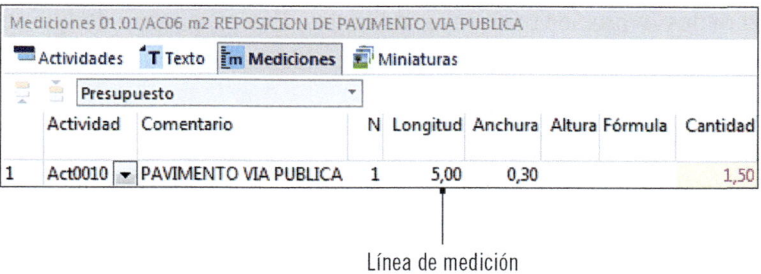

Línea de medición

4.2. Precios

Como se ha indicado, para confeccionar un presupuesto hay que indicar, de manera separada, los precios de las distintas unidades de obra. Los precios se presentan ordenados en cuadros de precios de acuerdo con la partida correspondiente de las mediciones y su valoración. Se puede distinguir entre:

- **Cuadro de precios n.º 1:** contendrá un listado de todas las unidades de obra presupuestadas, identificadas por su código, con la descripción completa y el precio en letra y en cifra, también debe indicarse la unidad monetaria en la que se han calculado. Las unidades de obra tendrán el mismo orden de relación, nombre y código que el cuadro n.º 2 y presupuestos.
- **Cuadro de precios n.º 2:** es el mismo listado que el n.º 1 pero aportando la descomposición de las partidas, de forma que la suma de los importes de estas partidas corresponderán a los precios que se muestran en el cuadro de precios n.º 1.

Importes en las unidades de obra

Las unidades de obra (o partidas) representan a cada uno de los componentes unitarios, individuales y elementales en los cuales se puede descomponer una obra, a efectos de medición y valoración.

En las unidades de obra se encuentran entradas que van a corresponder a costes directos (o precios básicos) e indirectos. Esa es la razón de que se hable también de precios descompuestos en las unidades de obra.

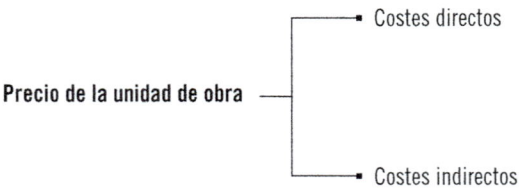

Para obtener el precio unitario de una partida es necesario determinar cuáles son los precios básicos asignados a cada una de ellas y determinar en qué cantidad deben aparecer estos. El cálculo se realiza multiplicando cada precio básico por su cantidad o rendimiento, obteniéndose así el importe unitario de cada precio. Sumando todos estos importes se obtiene el precio unitario de cada partida, el cual será el mismo para todo el presupuesto, así como su nombre, código y descripción. Las partidas se miden en diferentes unidades según la naturaleza que tengan: metro cúbico, metro lineal, metro cuadrado, tonelada, número de unidades, litros, etc.

Costes directos

Los precios básicos o costes directos pueden tener diferentes naturalezas: mano de obra, maquinaria y materiales, teniendo cada uno de ellos asignado un mismo código y un mismo precio para todo el presupuesto.

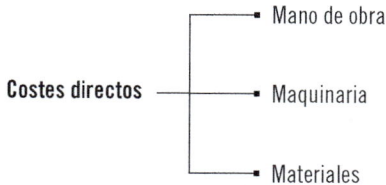

Costes indirectos

Los costes indirectos van a recoger todos los costes que intervienen en la obra y no son imputables a una unidad determinada. Por ejemplo, se puede considerar: alquileres, talleres, teléfono, electricidad, seguridad e higiene, cerramientos provisionales de obra, etc. Normalmente se aplica un tanto por ciento sobre todas las partidas del proyecto o en la forma que el proyectista o promotor decida.

 Ejemplo

La siguiente unidad de obra de código AC01 y denominada Acometida DN 75 mm polietileno se mide en unidades y se compone de los siguientes precios básicos:

MANO DE OBRA

∎ 2,6 horas de oficial de 1ª con un precio unitario de 15,61 €/h.
∎ 1,3 horas de oficial de 2ª con un precio unitario de 14,22 €/h.

MATERIALES

∎ 8 m de tubo de PE 75 mm con un precio unitario de 6,43 €/m.
∎ 1 codo de PE 75 mm con un precio unitario de 14,70 €/ud.
∎ 1 collarín de PE 75 mm con un precio unitario de 32,82 €/ud.

Entre todos suman un total de 158,04 euros.

Más un 5 % de costes indirectos resulta un importe final de 165,94 euros la partida.

Continúa en página siguiente >>

<< Viene de página anterior

	Código	NatC	Ir r	It t	Resumen	CanPres	Ud	Pres	ImpPres
	AC01				ACOMETIDA DN75 mm.POLIETILENO	1,00	ud.	158,04	165,94
1	O01OB170	👷			Oficial 1ª fontanero calefactor	2,600	h	15,61	40,59
2	O01OB180	👷			Oficial 2ª fontanero calefactor	1,300	h	14,22	18,49
3	P17PA070	▦			Tubo polietileno (PE50A)(1MPa) 75mm	8,000	m.	6,43	51,44
4	P17PP060	▦			Codo polietileno de 75 mm	1,000	ud.	14,70	14,70
5	P17PP350	▦			Collarín toma 75 mm	1,000	ud.	32,82	32,82

4.3. La valoración o presupuestos parciales

Constituye el núcleo del presupuesto. Es la parte donde se unen precios y mediciones, agrupándose por capítulos que conforman el total de la obra. Los capítulos y los subcapítulos contienen tantas partidas como sea necesario para definir un presupuesto. Para confeccionar una valoración se multiplica el precio unitario de cada partida por su cantidad, obteniéndose el importe de cada partida. La suma de los importes de todas las partidas de un capítulo o subcapítulo constituye el importe total de ese capítulo o subcapítulo. La suma de todos los importes totales de cada capítulo constituye el importe total de la valoración.

 Importante

El presupuesto es un documento que debe ser estructurado para que sea comprendido por todos los posibles sujetos intervinientes en el proceso: funcionario, constructor, promotor, propiedad, etc.

Se pueden incluir todos los capítulos que sean necesarios para una mejor compresión y realización de la obra. Se puede subdividir si es necesario cada capítulo en subcapítulos hasta un nivel aconsejable de no más de cuatro subniveles.

Ejemplo

El siguiente presupuesto parcial corresponde a un capítulo 01. RED DE SUMINISTRO que contiene cuatro subcapítulos:

▌ Acometida.
▌ Contadores.
▌ Conducciones.
▌ Aparatos de consumo.

	Código 01	NatC	Ir r	It T	Resumen	CanPres	Ud	Pres	ImpPres
					RED DE SUMINISTRO	1		11.427,11	11.427,11
1	▸ 01.01	⌂	👤	↑T	ACOMETIDA ⋯	1,00		1.184,12	1.184,12
2	01.02	⌂	👤	↑T	CONTADORES	1,00		4.061,67	4.061,67
3	01.03	⌂	👤	↑T	CONDUCCIONES	1,00		1.082,84	1.082,84
4	01.04	⌂	👤	↑T	APARATOS DE CONSUMO	1,00		5.098,48	5.098,48

4.4. El resumen de presupuesto

El resumen de presupuesto resulta de presentar la valoración de forma agrupada en capítulos del primer nivel de jerarquía, indicando el importe final de cada uno de ellos e indicando la suma que corresponde al importe total del presupuesto o PEM (presupuesto de ejecución material). A este PEM se le aplican unos porcentajes legales para obtener el PEC (presupuesto de ejecución por contrata). Dichos porcentajes son, en caso de presentar el presupuesto para un proyecto de ejecución, los siguientes:

■ Gastos generales (GG) variable %.
■ Beneficio industrial (BI) variable %.
■ IVA: las obras de renovación y reparación de vivienda tributarán al 10%.

Los porcentajes correspondientes a gastos generales y beneficio industrial se aplican al PEM, mientras que el IVA se aplica a la suma de PEM, gastos generales y beneficio industrial.

 **Ejemplo**

El siguiente resumen de presupuesto corresponde a un presupuesto que contiene tres capítulos:

▌ 01 Red de suministro.
▌ 02 Red de saneamiento.
▌ 03 Seguridad y salud.

Se presenta de la siguiente forma, donde se aprecian los importes totales y parciales y los porcentajes aplicables en este caso:

RESUMEN DE PRESUPUESTO

4 apartamentos VIVELUX

CAPITULO	RESUMEN		EUROS
01	RED DE SUMINISTRO..	....	11.536,41
02	RED DE SANEAMIENTO...	....	3.393,48
03	SEGURIDAD Y SALUD..	....	420,00
		TOTAL EJECUCIÓN MATERIAL	**15.349,89**
	13,00 % Gastos generales........................	1.995,49	
	6,00 % Beneficio industrial.......................	920,99	
		SUMA DE G.G. y B.I.2.916,48	
	10,00 % IVA.........................1.826,64		
		TOTAL PRESUPUESTO CONTRATA	**20.093,01**
		TOTAL PRESUPUESTO GENERAL	**20.093,01**

Asciende el presupuesto general a la expresada cantidad de VEINTE MIL NOVENTA Y TRES EUROS con UN CÉNTIMOS

SEVILLA, a 30 de abril de 2024.

La propiedad   La dirección facultativa

---

5. Técnicas de redacción y presentación

No existe una forma exacta y predefinida de redactar y presentar un documento técnico. En este apartado se aportan las directrices básicas más comunes para la redacción y la presentación de informes técnicos, memorias justificativas y presupuestos.

5.1. Redacción de informes técnicos

A la hora de redactar informes hay que seguir una serie de pautas relacionadas con la estructura expuesta anteriormente:

- **Definir la estructura que debe seguir:** haciendo un primer esbozo del índice, usando como perfectamente válida la estructura que se aporta en este manual.
- **Establecer el estilo y el formato de la presentación del texto:** se comentan los principales aspectos en siguientes apartados.
- **Redactar una primera versión de la introducción:** no debe repetir lo explicado en el resumen ni dar detalles teóricos del método o las conclusiones. La introducción debe explicar el objetivo del análisis y el alcance del informe.

  Por ejemplo, el objetivo y el alcance en la introducción de un informe de evaluación del consumo se puede expresar, por ejemplo: "En este trabajo se pretende estudiar la reducción del importe de la factura de agua provocada por la implementación de medidas de consumo eficiente en el distrito La Salud".

- **Redactar la memoria o núcleo:** una vez estructurada la primera versión del índice se debe comenzar a redactar la parte sustancial del informe, argumentando:

  - Qué se ha hecho, con qué métodos: se debe usar el tiempo impersonal para la redacción y el mismo tiempo verbal para todas las descripciones.

    Por ejemplo, todo en tiempo presente: "Se analizan las tuberías de mayor tamaño mediante cámaras de TV". Todo en tiempo pasado: "Se analizaron las tuberías de mayor tamaño mediante cámaras de TV".

  - ¿Cuáles han sido los resultados?: los resultados se deben presentar de forma clara y ordenada exponiendo claramente lo que se quiere decir.

    Por ejemplo, "El resultado de las inspecciones de las tuberías de mayor tamaño mediante cámaras de TV mostró con claridad obstrucciones en los conductos por incrustaciones calcáreas".

Los resultados presentados en anexos deben aparecer en primer orden, haciendo referencia a ellos de la siguiente forma: "En el anexo A se encuentran las imágenes de la inspección ocular de las tuberías" o "Se puede observar el resultado de la inspección ocular de las tuberías en el anexo 1".

La presentación en forma de texto de resultados numéricos puede resultar algo tediosa o engorrosa, es muy útil hacerlo en forma de gráficos o tablas. Cuando los resultados sean presentados de forma gráfica o tabulada se debe comprobar la coherencia entre los sistemas de unidades empleados.

Un aspecto importante de la discusión de resultados es explicar los motivos.

■ **Redactar las conclusiones y las recomendaciones:** aquí comienza la fase final de redacción del informe que solamente se puede redactar cuando el núcleo esté acabado.

No son necesarias a no ser que se pidan expresamente. Las recomendaciones deben ser objetivas, exponiendo las ventajas o desventajas de las alternativas que se ofrezcan, y deben estar basadas en fundamentaciones fiables.

Pueden incluir datos cuantitativos pero no deben darse detalles de argumentos o resultados.

No deben ser un resumen de los resultados.

Deben aparecer ideas originales que se desprendan del trabajo realizado.

■ **Terminar de completar la introducción y redactar el resumen:** estos dos puntos son usualmente lo último que se redacta, puesto que el análisis y la discusión de los resultados puede revelar aspectos nuevos o datos no previstos en un principio. Se debe tratar de sintetizar al máximo las ideas principales del informe. En el resumen se debe evitar colocar referencias, una excesiva exposición de antecedentes y uso de jerga o de acrónimos que hacen que el resumen pierda transparencia.

El texto del resumen debe:

▎ Ser informativo, claro, conciso y concreto.
▎ Reseñar el objetivo, los resultados y las conclusiones.
▎ Redactarse con frases completas, verbos en voz activa y tercera persona.

▪ Estar constituido por un solo texto y un solo párrafo, y expresado con pocas palabras (alrededor de 200).

▪ No se deben incluir tablas o fórmulas, figuras y símbolos salvo que sea imprescindible.

■ **Completar el apartado de anexos:** la numeración de los anexos debe ser con números o con letras mayúsculas y debe seguir un número de orden concordante con el orden de aparición de las referencias que de ellos se haga en el texto.

■ **Completar el índice definitivo:** se debe hacer al final del todo, pues será cuando se conozca con exactitud el contenido del informe. La introducción puede quedarse sin numerar. Cuando un informe se duplica en volúmenes, cada volumen debe llevar el índice completo de todo el conjunto.

■ **Revisión y corrección:** es recomendable dejar el informe apartado un día o dos y leerlo de nuevo, o hacer que un tercero lo lea antes de terminarlo, para encontrar defectos o incoherencias y comprobar si el informe provoca el efecto esperado.

 Aplicación práctica

La empresa *WATER AND TURF* ha realizado un informe técnico sobre el estado en el que se encuentra la instalación de suministro de agua de un edificio antiguo, el cual va a ser objeto de una remodelación. El contenido de la memoria o núcleo es el siguiente:

El edificio El Edén va a ser objeto de una profunda remodelación y de cambio de uso, pasando de residencial a turístico. Los nuevos propietarios desean instalar tecnología adecuada para ahorrar agua y cumplir con la normativa vigente. Para ello se ha redactado este informe técnico.

Se procedió a la inspección ocular de las instalaciones, a analizar los elementos existentes en cuanto a su funcionalidad y estado actual y a realizar un reportaje fotográfico para dejar constancia del estado de conservación de la instalación y qué elementos contiene.

Continúa en página siguiente >>

<< Viene de página anterior

Se pudo observar y comprobar que las instalaciones en general son muy antiguas y presentan bastante deterioro.

Se recomienda aprovechar las obras para sustituir la red de saneamiento completa, incluyendo: arqueta de acometida, red de albañales o colectores horizontales enterrados, red de bajantes y red de colectores subterráneos de viviendas, ya que no se tiene noticias de operaciones de renovación de dicha red.

Indique si el contenido de este apartado se corresponde con la estructura propuesta en este capítulo y, de no ser así, qué cambios introduciría para su adaptación.

SOLUCIÓN

I Este apartado no está correctamente estructurado: no solo no se respeta la estructura propuesta, sino que no se distingue ninguno de los subapartados que componen la memoria. Al analizar el texto, se observa que:

I El primer párrafo de la memoria muestra una síntesis global del informe, cuando esta debe realizarse en el resumen que debe incluirse en la parte inicial del informe, no en la memoria o núcleo.

I En el segundo párrafo se explican los procedimientos que se han empleado para llevar a cabo la investigación o recolección de datos. Correspondería al subapartado Descripción de los métodos, pero no se ha incluido ningún título que permita identificarlo.

I En el tercer párrafo se expone solo el resultado final obtenido, pero no se muestran los resultados de las observaciones sobre los diferentes elementos que componen la instalación de suministro de agua y tampoco se han incluido las fotografías que se dice que se han realizado para justificar lo expuesto.

I El cuarto párrafo incluye recomendaciones sobre las obras a realizar en la instalación de saneamiento, dando por hecho que van a realizarse obras en la instalación de suministros de agua, y cita los elementos de esta instalación sobre los que habría que actuar, cuando el informe no trata sobre instalaciones de saneamiento y no se han realizado las inspecciones necesarias para conocer el estado real de esta instalación.

Para que este texto correspondiera a una memoria o núcleo que se adaptara a la estructura propuesta, primero habría que crear los epígrafes correspondientes para los subapartados a incluir: antecedentes, descripción de los métodos, resultados, conclusiones y recomendaciones y anexos, e incluir en cada uno los contenidos preceptivos.

El primer párrafo habría que eliminarlo de la memoria o núcleo y reubicarlo como resumen.

Continúa en página siguiente >>

<< Viene de página anterior

En el apartado Antecedentes habría que dar la descripción de la situación problema que da origen al estudio realizado, indicando las características del edificio, si se le han realizado reformas y de qué envergadura, y las consecuencias que el paso del tiempo y el uso han causado en el mismo.

Bajo el epígrafe Descripción de los métodos se incluiría la información contenida en el segundo párrafo.

Bajo el epígrafe Resultados se incluiría la información contenida en el párrafo tres; pero antes del párrafo final, habría que incluir el inventario final de la instalación observada, incluyendo todos los componentes y la descripción del estado en que se encuentran.

Bajo el epígrafe Conclusiones y recomendaciones se incluiría si, en vista del estado de la instalación, sería necesario proceder a la sustitución de los elementos encontrados. El párrafo cuatro se incluiría como una nota, ya que no es el objeto de este informe.

Y, siguiendo las recomendaciones, el reportaje fotográfico que se ha realizado se incluiría, si la magnitud del mismo así lo recomienda, como un anexo para no turbar la armonía de lectura y comprensión del texto.

5.2. Redacción de memorias justificativas

El orden en la redacción de las memorias técnicas se corresponde con el establecido en la estructura básica propuesta anteriormente. Pueden seguirse los siguientes pasos:

- **Definir la estructura que debe seguir:** hacer un primer esbozo del índice según la estructura de una memoria justificativa.
- **Establecer el estilo y el formato de la presentación del texto:** se comentan los principales aspectos en siguientes apartados.
- **Completar los datos generales:** entre otros puntos, redactar los objetivos de la memoria.
- **Describir los antecedentes y las consideraciones previas que afecten a la actuación propuesta:** a continuación se exponen algunas directrices para la redacción de esta parte de la memoria, pero que bien puede aplicarse también a la forma de redacción de textos de los informes:

▮ Cada párrafo debe corresponder a una idea autónoma.

▮ Los párrafos no deben ser muy cortos (no de una sola frase) ni muy largos (no más de 10-12).

▮ Es más elegante construir frases cortas.

- **Redactar la justificación funcional:** se emplean principalmente las técnicas descriptivas como recurso. De manera completa, clara y concisa, se describirá el estado actual de la instalación con apoyo de fotos, enumeraciones, posibles ensayos, etc.

  Por ejemplo:"... instalación compuesta por tuberías de fibrocemento que deben ser sustituidas por el mal estado en que se encuentran".

- **Redactar la justificación formal:** en este caso se detallan las actuaciones que se proponen realizar en una instalación y se expone el nuevo escenario que se plantea una vez se efectúen dichas actuaciones.

  Por ejemplo, "... se procederá a sustituir 45 m de tubería principal de alimentación del edificio de fibrocemento por 45 m de tubería de PVC". "Las pérdidas de carga de la tubería disminuirán en 2 mca con el cambio de material propuesto".

- **Redactar la justificación económica:** en este punto se ha de incluir un resumen del presupuesto obtenido en la forma que se expone a continuación para la presentación de presupuestos.

- **Redactar la justificación legal:** a modo de ejemplo se expone a continuación parte de la justificación legal de la memoria justificativa de la reforma de la instalación de un colegio en Molina de Segura:

  Por ejemplo, "De acuerdo al Reglamento del Suministro domiciliario de Agua Potable de la Ciudad de Molina de Segura, se instalarán en los servicios de los despachos de los profesores inodoros con limitación del volumen de descarga a un máximo de 7 litros y con mecanismos de doble sistema de descarga".

- **Completar de forma definitiva el índice:** una vez que la memoria está definitivamente acabada se procede a revisar su contenido y se termina de completar el índice.

- **Revisión y corrección:** es recomendable seguir las mismas recomendaciones que en los informes a la hora de rematar dichos documentos.

5.3. Presentación de informes y memorias justificativas

En general, se deberá cumplir una serie de requisitos básicos en la forma de presentar estos documentos:

- La información de la cubierta y las portadas debe aparecer de forma clara, identificativa e informativa, puesto que es la imagen exterior de presentación e identificación del documento.
- Excepto cuando la portada sustituya a la primera página de la cubierta, no es imprescindible que dicha portada ocupe una página entera. Se puede colocar como cabecera previa al resumen en la misma página.
- Cuidar los aspectos de estilo:

  - Usar un tipo y tamaño de letra claro y legible.
  - Una sola columna de texto si el informe es para entregar en papel.
  - Colocar de forma visible encabezados con el título del informe y pies de página con el número de página.

- Cuidar los aspectos de gramática, ortografía y redacción.
- Imprimir en tamaño A4 principalmente y por una sola cara.
- Imprimir el texto en color negro. Otros colores deben ser usados con moderación.
- Se puede resaltar en negrita palabras o frases, pero se debe hacer con mesura.
- Si la cantidad de páginas se excede, normalmente, en más de 20, se debe encuadernar el informe, utilizando tapas ligeras y un sistema de unión de las páginas que permita abrir estas en toda su extensión.
- Hay recursos que se visualizan mejor en otro formato como el A3 utilizado en algunos esquemas, planos, diagramas, etc., que pueden ser plegados e incluidos en bolsas de tamaño A4 que se encuadernan como otro folio más.

Actividades

4. Pensar que se es el responsable de modificar la instalación de suministro de su edificio, o del edificio que mejor se conozca: universidad, hospital, centro de trabajo, etc. Realizar un informe técnico de la instalación con objeto de mejorar la eficiencia en el consumo de dicha instalación sin entregar valoración.

5.4. Presentación de los presupuestos

La presentación formal de los presupuestos se hace mediante los llamados **reportes** o **informes de presupuesto** que se exponen a continuación.

Nota

Un presupuesto se puede simplificar con la inclusión exclusiva de la valoración completa o del resumen del presupuesto si no va anexado a un proyecto de construcción que tenga carácter contractual.

Es importante señalar que para confeccionar presupuestos se pueden usar hojas de cálculo tipo *Microsoft Excel, Calc (LibreOffice)* o de otro tipo, o algún *software* específico de los existentes en el mercado como: *Presto (SOFT S. A.), Menfis (Professional Software, S. A.), Cegid Menfis 10*, etc. Estos programas, además de realizar los cálculos de presupuesto, permiten presentar dichos cálculos a través de los informes de presupuesto.

A continuación, se presenta una captura de pantalla de la interfaz gráfica principal de *Presto 2024* (versión comercial más moderna en la actualidad) y se muestra dónde se encuentra la función de generar los informes.

Barra de menús y herramientas de Presto 2024

Seguidamente se muestran extractos de informes de presupuesto para precios y mediciones obtenidos con el programa *Presto 2024:*

- **Cuadro o listado de mediciones:** en ellas podemos ver la relación de todas las unidades de obra con la literatura inequívoca para su identificación y códigos concordantes con los que aparecen en los cuadros de precios y en el presupuesto.
- **Cuadro de unidades:** en el listado se ve la descripción de las unidades de obra presupuestadas, identificadas por su código.
- **Cuadro de precios:** igual que el cuadro de unidades, pero se incluye además la valoración de las partidas.

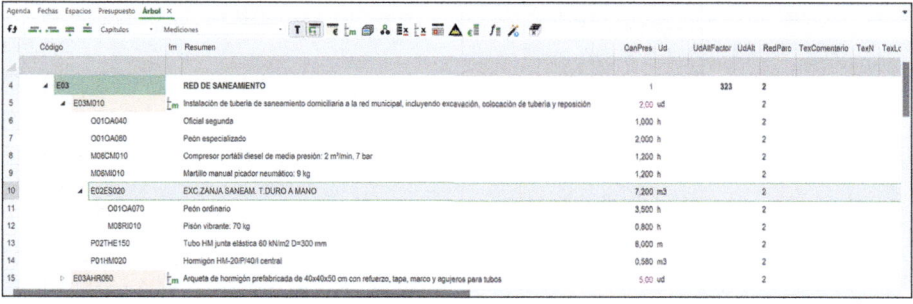

Cuadro de unidades de Presto 2024

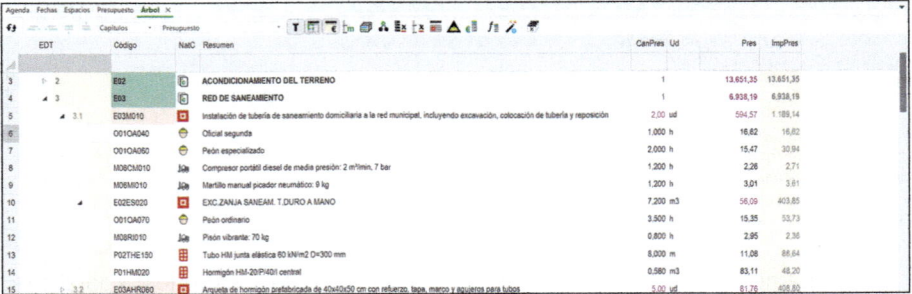

Cuadro de precios de Presto 2024

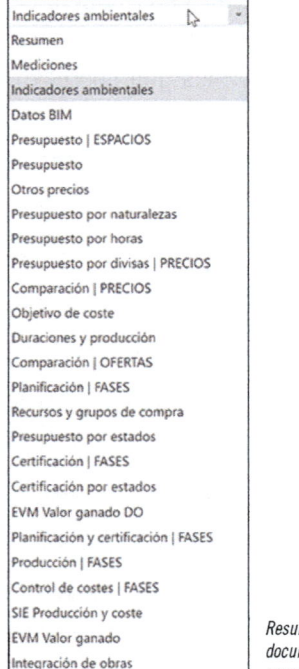

Resumen de los modelos de documentación que puede generar Presto 2024

Nota

Los informes de presentación de los presupuestos parciales y el resumen de presupuesto se generan en el mismo desplegable en el programa *Presto 2024*.

Actividades

5. Redactar una memoria justificativa que complete al informe de la actividad n.º 1, puesto que el propietario del edificio así lo ha decidido, entregándole dicho informe para que lo use como punto de partida, entregando una valoración aproximada.

Aplicación práctica

Construcciones Valseca S. L. se encarga de la realización de una memoria técnica a partir de un informe técnico de inspección del edificio El Edén, sito en c/ Asunción n.º 25 de Sevilla, que se quiere cambiar de uso y remodelar para aumentar su eficiencia y mejorar su consumo energético por encargo de la empresa VIVELUX2012. En la memoria técnica, el autor ha realizado la siguiente presentación del apartado Datos generales. Indique si es correcta y, si no lo es, indique cómo debería ser.

DATOS GENERALES

AUTOR DEL ENCARGO

CONSTRUCCIONES VALSECA S. L.

A. AUTOR DE LA MEMORIA

VIVELUX 2012 S.L.

11 LOCALIZACIÓN DE LA OBRA

El edificio El Edén se encuentra en la calle Asunción N.º 25 de Sevilla.

SOLUCIÓN

Hay que distinguir entre los contenidos y la presentación:

▮ En cuanto a los contenidos, no son correctos, ya que el autor del encargo es VIVELUX2012 S. L. y el autor de la memoria es Construcciones Valseca S. L., al contrario de como se ha

Continúa en página siguiente >>

<< Viene de página anterior

reseñado. También falta el apartado Objetivo de la memoria, en el que se debe explicar de manera sucinta para qué se realiza dicha memoria y cuál es el problema a resolver.

I La presentación tampoco es correcta porque las fuentes utilizadas tanto para títulos como para texto de párrafo no son los apropiados, ya que se trata de un estilo complicado y poco legible. Tampoco es correcta la forma de numerar los apartados, ya que el primero no presenta ninguna numeración, en el segundo se usan letras para referenciarlo, y el tercero se referencia con número, y debería seguirse siempre el mismo criterio por cuestiones de uniformidad. El apartado que falta (Objeto de la memoria) debería incluirse tras el autor de la memoria.

Una presentación correcta de este apartado sería:

1. DATOS GENERALES

   1. Autor del encargo

      VIVELUX 2012 S. L.

   2. Autor de la memoria

      CONSTRUCCIONES VALSECA S. L.

   3. Objeto de la memoria

      La presente memoria justificativa se redacta con objeto de cuantificar, caracterizar y presupuestar las actuaciones que se pretenden realizar en la instalación de suministro de agua del edificio El Edén con el objetivo de modernizarla, aumentar su eficiencia y mejorar su consumo energético.

   4. Localización de la obra

      El edificio El Edén se encuentra en la calle Asunción N.º25 de Sevilla.

---

6. Aplicaciones ofimáticas para la elaboración de informes

Las *suites* ofimáticas son programas informáticos que contienen un conjunto de aplicaciones o grupo de programas que van a permitir crear y modificar archivos y documentos.

La *suite* ofimática más conocida en el entorno de *Windows* es el paquete *Microsoft Office 365* de la compañía *Microsoft,* el cual es necesario adquirirlo mediante compra. También existen *suites* ofimáticas libres y gratuitas, como puede ser *LibreOffice* y *OpenOffice.*

Algunas de las aplicaciones que se encuentran en tanto en *Microsoft* como en *LibreOffice* son las siguientes:

APLICACIÓN OFIMÁTICA	PROGRAMAS O SUITES OFIMÁTICAS	
	Office	*Libreoffice*
Procesador de textos	*Word*	*Writer*
Hoja de cálculos	*Excel*	*Calc*
Presentaciones	*Power Point*	*Base*
Bases de datos	*Access*	*Impress*

6.1. Microsoft office

A continuación se describen dos de las aplicaciones más representativas para la elaboración de informes y memorias, como son *Word* y *Excel.*

Procesador de textos *Microsoft Word*

Es un potente procesador de textos con infinidad de posibilidades de edición documental. Algunas de las capacidades más significativas son:

- **Operaciones básicas y de inicio:** crear y tratar con márgenes de página, tipos y tamaños de letra, párrafos (sangrado, ordenación, etc.), títulos, apartados y subapartados, encabezamientos y pies de página, colocar correctamente los número de página, tabular guiones automáticos, insertar y elaborar correctamente tablas y gráficos, realizar revisión gramatical e incluir *links*.
- **Operaciones avanzadas:** elaborar archivos de contenidos y bibliográficos, insertar datos provenientes de hoja de cálculo *Excel,* insertar textos

o imágenes de otras fuentes (internet, otros trabajos, etc.), elaborar e insertar esquemas o diagramas, insertar notas al pie, crear y gestionar formatos automáticos con hojas de estilo.

A continuación, se aporta una captura de pantalla de una operación de creación de un informe técnico con *Microsoft Word 365.*

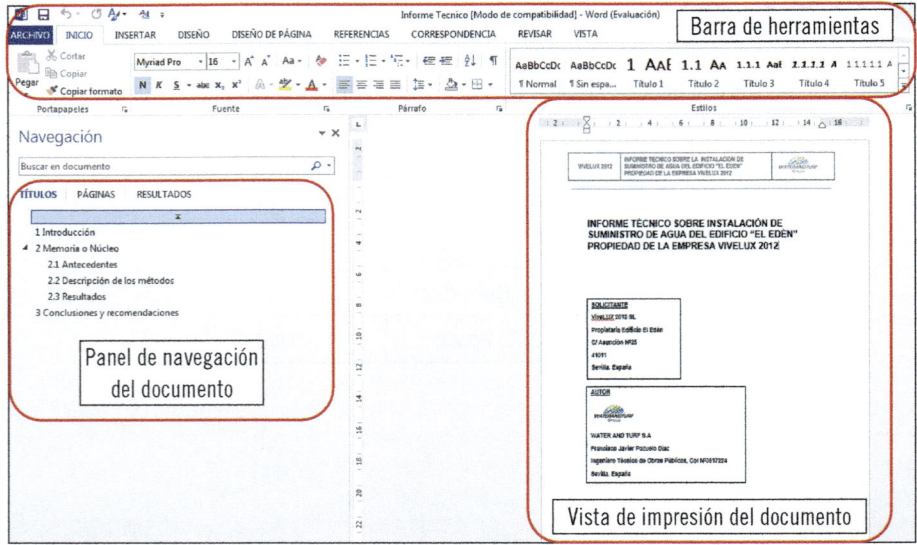

Interface de Microsoft Word

- **Operaciones de impresión:** el programa Word permite imprimir en papel y de forma digital, convirtiendo los documentos en otra extensión como es el formato PDF (sigla del inglés *portable document format;* en español, formato de documento portátil), el cual es uno de las formatos digitales más usado en intercambio de información.

Hoja de cálculo *Microsoft Excel*

Una herramienta muy usada para tratar datos como los que acompañan a informes y memorias justificativas es la hoja de cálculo *Excel.* Es muy potente y bastante útil. Entre sus múltiples funciones destacan:

■ Resulta una alternativa eficaz a otros programas de confección de presupuestos y permite dar formato a presupuestos de Presto exportados a *Excel*.

■ Realiza con facilidad diagramas y esquemas sinópticos.

■ Permite tratar los datos numéricos en una hoja que contiene infinidad de operaciones matemáticas, y que se divide en celdas distribuidas en filas y columnas.

■ Las filas y las columnas deseadas se pueden trasladar con total comodidad a *Word* en formato de tabla, o incluso abrirse directamente desde Word con un simple clic de ratón.

A continuación, se muestra una captura de pantalla de una operación de creación de un cálculo en forma de tabla con *Microsoft Excel 365*.

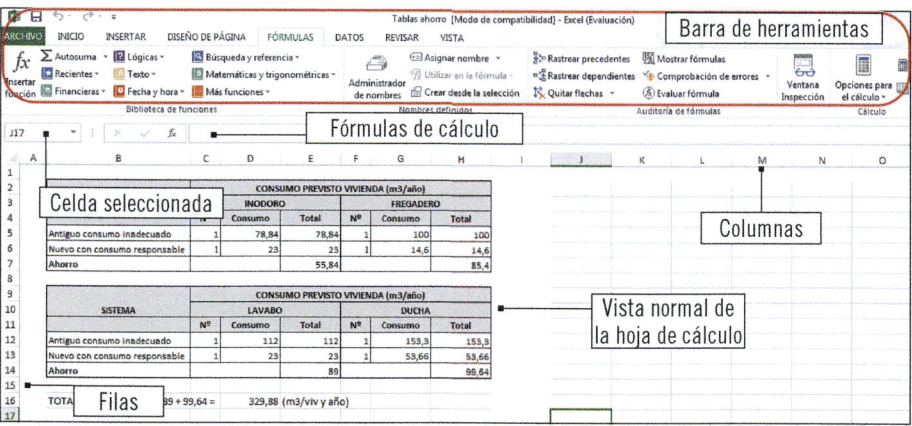

Interface de Microsoft Excel

6.2. *LibreOffice*

LibreOffice es una *suite* ofimática gratuita desarrollada por voluntarios de todo el mundo. Es compatible con los archivos de *Microsoft* y el formato PDF de *Acrobat*. Quizá no sea tan potente como *Microsoft*, pero es lo suficientemente competitivo como para permitir la creación de documentos de alta calidad a un coste cero.

A continuación, se describen dos de las aplicaciones más representativas para la elaboración de informes y memorias: *Writer* y *Calc*.

Procesador de textos *Writer*

Permite editar todo tipo de documentos, desde una simple carta a producir un libro completo, incluir tablas de contenido, ilustraciones, bibliografía y diagramas. Posee función de autocompletado mientras escribe; el formato y la revisión ortográfica son automáticos.

A continuación se muestra una captura de pantalla de una operación de creación de un informe técnico con *Writer de LibreOffice 24.2.3*.

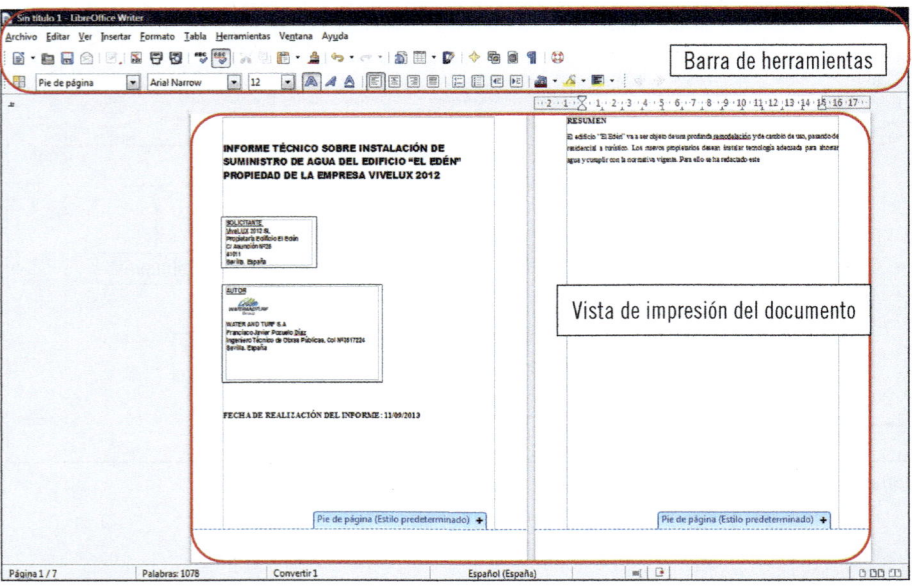

Interface de Writer de LibreOffice

Hoja de cálculo *Calc*

Tiene una naturaleza de funcionamiento similar a la de *Excel*. Posee las funciones básicas más importantes a la hora de tratar datos y gráficos que acompañen a los informes y las memorias, tales como tablas, gráficos, presupuestos, etc.

A continuación, se aporta una captura de pantalla de una operación de creación del mismo cálculo anterior efectuado esta vez con el programa *Calc*.

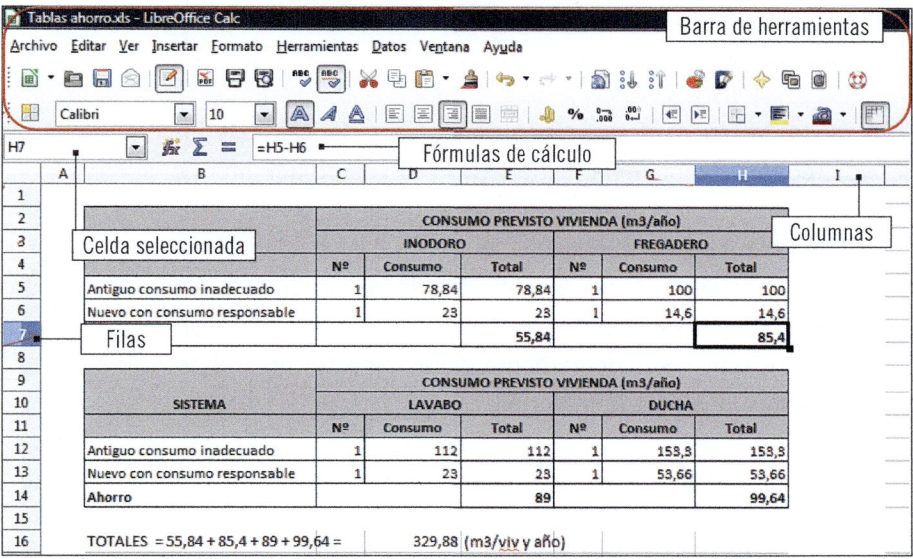

Interface de Calc de LibreOffice

 **Actividades**

6. Con la ayuda de algún programa de cálculo de presupuestos mencionado (existen versiones gratuitas de prueba que puede conseguir en las páginas oficiales si no dispone de ninguno), usar alguna de las plantillas que vienen ya instaladas e intentar realizar un informe del resumen de presupuesto de cualquiera de esas plantillas o ejemplos.

7. Resumen

En este capítulo se han aportado al alumno las directrices básicas para obtener unos informes técnicos y memorias justificativas de calidad.

Asimismo, se ha explicado cómo se debe abordar un informe o una memoria a la hora de redactarlo, cuáles son los puntos más importantes y los errores que no se deben cometer y qué abanico de programas informáticos existe actualmente en el mercado para facilitar la labor de confección de dichos documentos, tanto los textos como los presupuestos.

A modo de resumen se exponen las características más importantes a la hora de redactar la memoria justificativa y el cuerpo del informe:

- Claridad, concisión y concreción.
- Descripciones suficientemente detalladas sin exceso, pero permitiendo el análisis de un experto sin tener que recurrir a otra inspección.
- Descripciones suficientemente claras para ser entendidas por personal no especialista en la materia.

Un informe y, sobre todo, una memoria debe cerrarse con una buena valoración que se aproxime lo máximo posible a lo que en un futuro no muy lejano se llevará a cabo. Una buena valoración no siempre es aquella que ofrece más detalle, sino la que más se aproxima al coste real de la ejecución.

Ejercicios de repaso y autoevaluación

1. **De las siguientes afirmaciones, indique cuál es verdadera o falsa.**

    a. Los cálculos adicionales y los planos de un informe técnico deben ir incluidos en la memoria del mismo.

        ☐ Verdadero
        ☐ Falso

    b. Capítulo y subcapítulo forman parte de la estructura de un presupuesto.

        ☐ Verdadero
        ☐ Falso

2. **Suponga que es el gerente de una empresa de mantenimiento e instalación de fontanería y que el propietario de un edificio quiere revisar su instalación de suministro de agua para hacerla más eficiente en el consumo de agua y le llama para que le asesore. ¿Qué tipo de informe técnico tendría que redactar?**

    a. Pericial.
    b. Administrativo.
    c. Inspección y análisis.
    d. Todas las opciones son incorrectas.

3. **Explique la forma de obtener el precio unitario de una partida.**

_____
_____
_____
_____
_____
_____
_____

4. Encuentre en la sopa de letras cuatro partes integrantes de un informe técnico.

I	A	E	E	R	W	F	E	E	R	I	A
G	N	S	A	I	S	J	G	I	S	E	C
A	E	T	E	Ñ	D	K	E	Ñ	D	O	A
S	X	F	R	E	E	R	D	A	N	V	M
D	O	Q	H	O	K	L	E	C	E	O	P
C	S	D	A	S	D	N	L	R	I	S	J
G	I	S	J	E	N	U	A	S	Ñ	D	K
E	Ñ	D	K	A	S	C	C	F	E	E	R
E	E	E	R	I	D	L	A	C	G	I	S
B	A	E	O	N	C	E	N	C	I	U	D
O	S	N	I	S	J	O	E	R	V	O	N
F	E	E	Ñ	D	K	F	E	W	S	K	N
S	A	F	E	E	R	I	A	D	A	S	E

5. Enumere la secuencia lógica de actuaciones en caso de coexistir informe y memoria.

_____
_____
_____
_____

6. Complete.

El informe _____ normalmente se desarrolla con el _____ de obtener algún _____ o licencia para _____ una instalación o realizar alguna _____ en ella.

7. **Diga qué puntos incluiría en la parte Descripción general del proyecto de una memoria justificativa.**

_____

_____

_____

_____

_____

_____

_____

8. **Complete.**

Las _____representan a cada uno de los componentes
_____, individuales y _____ en los cuales se puede
_____ una obra, a efectos de _____ y valoración.

9. **Relacione cada término con lo que crea que debe ir emparejado según lo que sabe de presupuestos, mediciones y valoraciones.**

    a. Cantidad de algo.
    b. Cantidad y precio unidos.
    c. Parte del coste de una partida con valor estimado.

    __ Coste indirecto.
    __ Medición.
    __ Presupuesto.

10. **Enumere las distintas partes en las que se divide una valoración del presupuesto.**

_____

_____

_____

_____

11. **Relacione cada término con lo que crea que debe ir emparejado según lo que sabe de redacción de informes técnicos.**

    a. Introducción.
    b. Memoria.
    c. Conclusiones.

    __ Resultados obtenidos.
    __ Pueden incluir datos cuantitativos pero no deben darse detalles de argumentos o resultados.
    __ El alcance del informe sitúa al lector en el escenario en el que se encuadra y hasta qué nivel profundiza.

12. **¿Qué apartado debe aparecer en la descripción general de una memoria justificativa?**

    a. Justificación funcional.
    b. Justificación económica.
    c. Objeto de la memoria justificativa.
    d. Todas las opciones son incorrectas.

13. **Indique qué apartados se incluyen en los datos generales de la memoria o núcleo.**

14. **Relacione cada término con lo que crea que debe ir emparejado según lo que sabe de aplicaciones informáticas empleadas en la elaboración de informes.**

     a. Presto.
     b. Word.
     c. Excel.

     __ Elaboración de cálculos.
     __ Procesador de textos.
     __ Elaboración de presupuestos.

15. **La hoja de cálculo *Excel***

     a. ... realiza con facilidad diagramas y esquemas sinópticos.
     b. ... permite tratar los datos numéricos en una hoja que contiene infinidad de operaciones matemáticas y que se divide en celdas distribuidas en filas y columnas.
     c. ... permite editar todo tipo de documentos, desde una simple carta a producir un libro completo, incluir tablas de contenido, ilustraciones, bibliografía y diagramas.
     d. Las opciones a y b son correctas.

Capítulo 3

Normativa y recomendaciones sobre el uso eficiente del agua en edificación

Contenido

1. Introducción

La Directiva Marco del Agua 2000/60/CE, Protección y gestión del agua es, a nivel europeo, el escenario que ampara toda la normativa referente al agua. Esta norma fija los principios básicos de un comportamiento sostenible en el territorio de la UE mediante la protección a largo plazo del recurso, instando a los Estados miembros a fomentar un uso eficaz y sostenible del agua.

El abastecimiento de agua en España a las poblaciones ha sido, a lo largo de la historia reciente, un servicio atribuido a las competencias del municipio que, actualmente, quedan recogidas en los artículos 2, 25.2.I y 26.1.a de la Ley 7/1985, de 2 de abril, reguladora de las Bases del Régimen Local.

En este capítulo se analizará la regulación a nivel legislativo, que existe en España actualmente, de la gestión y el uso del agua desde el punto de vista del ahorro y la eficiencia en el consumo, que tiene diferentes orígenes:

- Código Técnico de la Edificación (CTE).
- Legislación autonómica.
- Ordenanzas municipales.
- Pliegos de prescripciones técnicas.
- Reglamentos de suministro de agua.

También se analizarán las exigencias sanitarias y de consumo requeridas en el agua potable en España.

2. Código Técnico de la Edificación

El CTE es la normativa que establece las exigencias que deben cumplir los edificios en relación con los requisitos básicos de seguridad y habitabilidad incluidos en la Ley 38/1999, de 5 de noviembre, de Ordenación de la Edificación (LOE) y, a su vez, establece algunas medidas de uso eficiente en los edificios.

El CTE se divide en dos partes principales:

- **Parte I:** contiene las disposiciones y las condiciones generales de aplicación del CTE y las exigencias básicas que deben cumplir los edificios en relación con los requisitos básicos de seguridad y habitabilidad incluidos en la LOE.
- **Parte II:** formada por los denominados **documentos básicos,** en adelante DB, para el cumplimiento de las exigencias básicas del CTE. Los DB son textos de carácter técnico que trasladan al terreno práctico las exigencias detalladas en la primera parte y establecen las reglas y los procedimientos que permiten cumplir las exigencias básicas marcadas. Son seis:

  - Seguridad estructural (DB SE).
  - Seguridad en caso de incendio (DB SI).
  - Seguridad de utilización y accesibilidad (DB SUA).
  - Salubridad (DB HS).
  - Protección frente al ruido (DB HR).
  - Ahorro de energía (DB HE).

Esquema normativo del CTE - propia

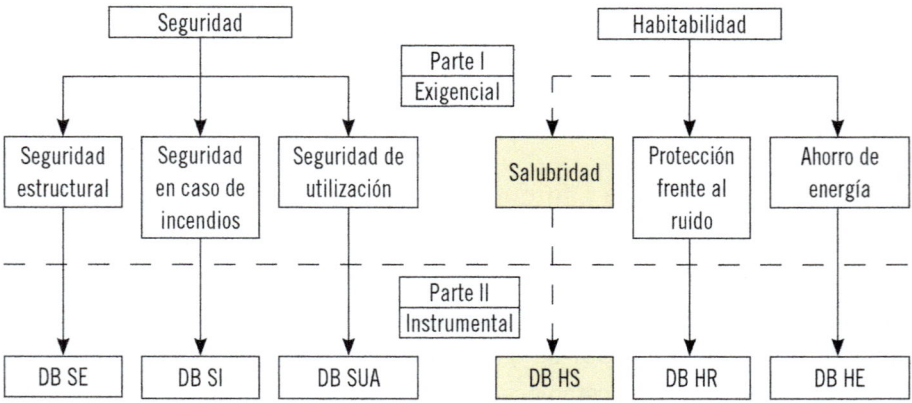

El Documento Básico de Salubridad (DB HS) tiene por objetivo establecer las reglas y los procedimientos que permiten cumplir las exigencias básicas de salubridad, de las cuales las relativas al suministro de agua se recogen en el DB HS4. El DB HS se compone de cinco secciones en total:

- Protección frente a la humedad (DB HS 1).
- Recogida y evacuación de residuos (DB HS 2).
- Calidad del aire interior (DB HS 3).
- Suministro de agua (DB HS 4).
- Evacuación de aguas (DB HS 5).

2.1. Medidas de ahorro de agua

Las medidas de eficiencia y ahorro de agua que hay en el CTE, que no son muchas ni demasiado extensas, se exponen en la sección HS4, la cual establece medidas de caracterización y cuantificación de las exigencias para cumplir con el objetivo de ahorro de agua, como son:

Debe disponerse un sistema de contabilización tanto de agua fría como de agua caliente para cada unidad de consumo individualizable.

En las redes de ACS debe disponerse una red de retorno cuando la longitud de la tubería de ida al punto de consumo más alejado sea igual o mayor que 15 m.

En las zonas de pública concurrencia de los edificios, los grifos de los lavabos y las cisternas deben estar dotados de dispositivos de ahorro de agua.

Asimismo, la sección HS4 detalla los elementos de diseño en las instalaciones para cumplir con el objetivo de ahorro de agua en edificios de uso público, como son:

- Grifos con aireadores.
- Grifería termostática.
- Grifos con sensores infrarrojos.
- Grifos con pulsador temporizador.
- Fluxores y llaves de regulación antes de los puntos de consumo.

En cuanto a fuentes alternativas de suministro de agua, el CTE no hace ninguna referencia explícita del aprovechamiento de aguas grises ni de aguas pluviales o de renovación de piscinas. La única referencia se puede interpretar en la parte I, artículo 13.4 del capítulo 3:

> ***Los edificios dispondrán de medios adecuados para suministrar al equipamiento higiénico previsto agua apta para el consumo de forma sostenible, aportando caudales suficientes para su funcionamiento,*** *sin alteración de las propiedades de aptitud para el consumo e impidiendo los posibles retornos que puedan contaminar la red,* ***incorporando medios que permitan el ahorro y el control del agua.***

CTE, artículo 13.4

Habiendo analizado las medidas de ahorro y eficiencia de agua que se incluyen en la norma de referencia sobre edificación en España, como es el CTE, se ha visto que estas medidas son limitadas, por lo que se puede afirmar que en la práctica existe un vacío legal; vacío que es posible suplir con normativa autonómica y local.

3. Legislación autonómica y ordenanzas municipales

Como se ha comentado, las competencias del suministro de agua a las distintas poblaciones recaen sobre los órganos gestores de los propios municipios, según se recoge en la Ley reguladora de las Bases del Régimen Local. Estas competencias se ven representadas en las normativas al efecto que promulgan los ayuntamientos y que, en algunos casos, como se verá en este apartado, recogen medidas de ahorro y eficiencia en el consumo de agua.

Por otro lado, con respecto a las comunidades autónomas, la Ley 38/1999, de 5 de noviembre, de Ordenación de la Edificación, prevé que las administraciones competentes (como son las comunidades autónomas) puedan dictar normas que completen el CTE. Uno de estos posibles complementos son las medidas de ahorro y eficiencia en el consumo de agua que han promulgado diversas comunidades autónomas, que son perfectamente compatibles con dicho código.

Por tanto, con esta reflexión, se puede afirmar que la posibilidad de que los ayuntamientos o las comunidades autónomas redacten y aprueben normativas que establezcan medidas para fomentar el ahorro y la eficiencia en el consumo de agua está ajustada a derecho según la legislación actual.

Actividades

1. Una vez analizado el CTE, ¿qué medidas de ahorro y de eficiencia hidráulica podrían completar a las ya existentes? ¿Son suficientes las actuales?

3.1. Legislación autonómica

La legislación de la mayoría de las autonomías en materia de agua regula de forma genérica este recurso, prestando especial atención a la explotación de los aprovechamientos hidráulicos de abastecimiento y a las normas de saneamiento y vertidos. No obstante, existen algunas autonomías que también regulan la gestión del agua desde el punto de vista del ahorro y la eficiencia en el uso de este recurso. Las que han considerado adecuado establecer una legislación y que aportan medidas concretas sobre el uso eficiente del agua en edificación son:

- Islas Baleares.
- Cataluña.
- Región de Murcia.
- Asturias.

Islas Baleares

La normativa existente en el archipiélago balear sobre medidas de ahorro y eficiencia en el consumo de agua es de un ligero carácter genérico.

La norma principal en la que se regulan distintos aspectos sobre el agua es el Plan Hidrológico de las Islas Baleares que fue aprobado el 24 de enero de 2023 por el gobierno autonómico. El cual incluye medidas y recomendaciones sobre ahorro de agua.

Definición

Plan hidrológico

Es el marco de ordenación de los recursos hídricos de una cuenca o zona hidrográfica determinada que sirve como instrumento de gestión de dicha demarcación hidrográfica, sirviendo al mismo tiempo de herramienta básica para la consecución de los objetivos previstos en la Directiva 2000/60/CE Marco del Agua.

Medidas de seguimiento y control de aprovechamientos

Artículo 54. Reutilización de aguas regeneradas para uso de regadíos

Con carácter general, el proyecto de regadío con aguas regeneradas incluirá la instalación de contadores a fin de contabilizar mensualmente el agua utilizada.

Artículo 128. Control de aprovechamientos

Las captaciones para abastecimiento público se deberán dotar de los elementos siguientes:

- Contador volumétrico, accesible al personal al servicio de la agencia del agua.

Artículo 129. Medición de los caudales de agua subministrados, consumidos y suministro de información

Los titulares de las concesiones administrativas de aguas y todos aquellos que por cualquier título tengan derecho a su uso privativo, estarán obligados a instalar y mantener los correspondientes sistemas de medición que garanticen información precisa sobre los caudales de agua en efecto consumidos o utilizados y, en su caso, retornados.

Cataluña

 **Recuerde**

La instalación de dispositivos de contabilización de agua en cada unidad de consumo es una medida contemplada en el CTE.

En la Comunidad Autónoma de Cataluña destacan dos normas principalmente:

- **Decreto 202/1998, de 30 de julio, por el que se establecen medidas de fomento para el ahorro de agua en determinados edificios y viviendas.**

  El ámbito principal de aplicación de esta norma son los edificios de titularidad de la Generalitat de Cataluña, y contempla la obligatoriedad de disponer de algún distintivo reconocido por el que quede oportunamente garantizado el ahorro de agua, según las normas aplicables a los Estados miembros de la Unión Europea, en grifos de bañeras, duchas, bidés, lavabos, fregaderos e inodoros sin especificar cuáles exactamente.

- **Decreto 21/2006, por el que se regula la adopción de criterios ambientales y de ecoeficiencia en los edificios. Incorpora parámetros de ahorro de agua en los edificios.**

Las medidas más importantes de uso eficiente son las siguientes:

▌ Los grifos de lavabos, bidés y fregaderos, así como los equipos de ducha, estarán diseñados para economizar agua o dispondrán de un mecanismo economizador.

▌ Las cisternas de los váteres tendrán que disponer de mecanismos de doble descarga o de descarga interrumpible.

▌ En edificios de uso docente, sanitario o deportivo, los grifos de lavabos y duchas dispondrán obligatoriamente de mecanismos temporizadores o bien detectores de presencia para su funcionamiento.

Tipos de perlizadores para fregaderos, lavabos y bidés

Región de Murcia

La **Ley 6/2006, de 21 de julio,** sobre incremento de las medidas de ahorro y conservación en el consumo de agua en la Región de Murcia tiene por objetivo establecer nuevas medidas de ahorro y eficiencia en el consumo de agua en edificios mediante su incorporación en ordenanzas y reglamentos municipales.

Artículo 2: medidas en viviendas de nueva construcción

■ Los grifos de aparatos sanitarios de consumo individual dispondrán de perlizadores o economizadores de chorro o similares y de mecanismo reductor de caudal.

■ El mecanismo de las duchas incluirá economizadores de chorro o similares o mecanismo reductor de caudal.

■ El mecanismo de adición de la descarga de las cisternas de los inodoros limitará el volumen de descarga a un máximo de 7 litros y dispondrá de la posibilidad de detener la descarga o de un doble sistema de descarga para pequeños volúmenes.

Mecanismo de doble descarga en inodoro

Artículo 3: medidas para locales de pública concurrencia

- Obligatoriedad de instalar en los aparatos sanitarios de uso público temporizadores o cualquier otro mecanismo similar de cierre automático que dosifique el consumo de agua, limitando las descargas a 1 litro de agua.
- En las duchas y las cisternas de los inodoros será de aplicación lo establecido en el artículo 2 para el caso de viviendas de nueva construcción.

Artículo 4: medidas en viviendas existentes

- Para obtener licencias de reformas o rehabilitaciones que afecten a la fontanería se deberá implantar, de forma preceptiva, sistemas ahorradores de agua de acuerdo con el artículo 2.

Sabía que...

Según la última encuesta sobre el suministro y el saneamiento del agua del año 2022 del Instituto Nacional de Estadística de España (INE):

"El consumo medio diario se ha reducido en un 4,4 % en 2020 con respecto al año 2010 hasta los 133 litros por persona y día, siendo las comunidades autónomas con mayores consumos, Cantabria (165 litros/habitante y día); Comunitat Valenciana (157 litros/habitante y día) y Murcia (150 litros/habitante y día), encontrándose en el polo puesto las comunidades autónomas de País Vasco (97 litros/habitante y día); Islas Baleares (117 litros/habitante y

Continúa en página siguiente >>

<< Viene de página anterior

día) Cantabria (165 litros/habitante y día) y Extremadura y la Comunidad Foral de Navarra ambas con 120 litros/habitante y día.

Los valores más elevados del coste unitario del agua en 2020 se dieron en Cataluña (2,66 €/m³), Illes Balears (2,52 €/m³) y Región de Murcia (2,51 €/m³). Por su parte, Castilla y León (1,10 €/m³), La Rioja (1,17 €/m³) y Galicia (1,24 €/m³) presentaron los más bajos

Asturias

El Principado de Asturias tiene aprobada una **Ordenanza Municipal Marco para Ahorro de Agua** aplicable a todos los ayuntamientos en todos los tipos de edificaciones y construcciones de nueva planta, incluso aquellas que sean objeto de rehabilitación integral, o de un cambio de uso de la totalidad o parte del edificio o la construcción. Destacan los siguientes puntos:

Artículo 6

Se establece la obligatoriedad de instalación en toda nueva construcción de edificios de viviendas colectivas o individuales de los siguientes elementos:

- Contadores individuales de agua para cada vivienda y local.
- Se establecerá como máximo una distancia de 15 metros entre los calentadores de agua individuales y los grifos.

Artículo 13: sistemas de ahorro de agua

Se contemplan los siguientes sistemas de ahorro:

- Reguladores de presión del agua de entrada.
- Aireadores para grifos y duchas.
- Cisternas especiales en inodoros.
- Aprovechamiento del agua de lluvia.
- Reutilización del agua sobrante de piscinas.
- Recirculación de agua usada en duchas y bañeras.

Importante

Según el artículo 11, Parques y Jardines, de la Ordenanza Municipal Marco para Ahorro de Agua del Principado de Asturias:

"Las edificaciones y las construcciones tanto públicas como privadas con superficies de más de 1.000 m² susceptibles de ser regadas deben cumplir:

I Deberá captarse y utilizarse el agua de lluvia.
I Si no es suficiente, se regará con agua residual depurada.
I Las nuevas instalaciones serán independientes del agua de consumo humano".

Resto de comunidades autónomas

De las restantes comunidades autónomas es importante señalar que hay algunas que han legislado esta materia de forma poco concreta o indirecta, y otras en las que la legislación es inexistente. En la tabla siguiente se puede apreciar con más detalle la situación particular de cada una de ellas:

LEGISLACIÓN Y RECOMENDACIONES SOBRE EL USO EFICIENTE DEL AGUA EN EDIFICACIÓN EN DIFERENTES COMUNIDADES AUTÓNOMAS

Comunidad autónoma	Normativa autonómica medidas uso eficiente edificación	Características
ARAGÓN	Ley 10/2014, de 27 de noviembre, de Aguas y Ríos de Aragón	Tiene como objetivo garantizar las necesidades básicas de uso de agua de la población que resida en Aragón, tanto para el consumo humano como para el desarrollo de actividades sociales y económicas que permitan la vertebración y el reequilibrio territorial de Aragón, de forma que sea compatible con el buen estado de los ecosistemas acuáticos y terrestres.

Continúa en página siguiente >>

<< Viene de página anterior

**LEGISLACIÓN Y RECOMENDACIONES SOBRE EL USO EFICIENTE DEL AGUA
EN EDIFICACIÓN EN DIFERENTES COMUNIDADES AUTÓNOMAS**

Comunidad autónoma	Normativa autonómica medidas uso eficiente edificación	Características
GALICIA	Ley 9/2010, de 4 de noviembre, de aguas de Galicia.	Hace mención a la obligatoriedad de cumplir las ordenanzas municipales al efecto.
CANTABRIA	Plan integral de ahorro del agua para Cantabria.	Propone la realización de campañas de concienciación ciudadana y de distribución de equipos ahorradores.
PAÍS VASCO	Ley 1/2006, de 23 de junio, de Aguas.	Fomenta que se implanten medidas relacionadas con el ahorro, la optimización y la mejora de la eficiencia del uso del agua pero sin especificar cuáles.
LA RIOJA	Ley 2/2007, de 1 de marzo, de Vivienda de la Comunidad Autónoma de La Rioja.	Fomenta que se implanten medidas relacionadas con el ahorro, la optimización y la mejora de la eficiencia del uso del agua pero sin especificar cuáles.
CASTILLA-LA MANCHA	Ley 12/2002, de 27-06-2002, reguladora del ciclo integral del agua de la Comunidad Autónoma de Castilla-La Mancha.	Trata de garantizar el suministro de agua en cantidad y calidad adecuadas, en todos los municipios de Castilla-La Mancha, de una manera eficiente protegiendo las áreas de captación y fomentando el uso racional y del ahorro del agua.
ANDALUCÍA	Ley 9/2010, de 30 de julio, de Aguas de Andalucía.	Recuerda al usuario que debe cumplir cuantas otras obligaciones se dispongan en las ordenanzas municipales sobre gestión y uso eficiente del agua.
EXTREMADURA	Decreto 157/2012, de 3 de agosto, por el que se aprueba el Reglamento del canon de saneamiento de la Comunidad Autónoma de Extremadura.	Se pretende desincentivar y penalizar los usos que no responden al principio de utilización racional y solidaria, fomentándose así el ahorro del agua.

Continúa en página siguiente >>

<< Viene de página anterior

**LEGISLACIÓN Y RECOMENDACIONES SOBRE EL USO EFICIENTE DEL AGUA
EN EDIFICACIÓN EN DIFERENTES COMUNIDADES AUTÓNOMAS**

Comunidad autónoma	Normativa autonómica medidas uso eficiente edificación	Características
COMUNIDAD DE MADRID	Ley 17/1984, de 20 de diciembre, reguladora del abastecimiento y saneamiento del agua.	Existe un plan de ahorro para la ciudad de Madrid.
CASTILLA-LEÓN	NO	NO
COMUNIDAD VALENCIANA	NO	Existen medidas indirectas a través de los planes urbanísticos.
NAVARRA	NO	NO
CEUTA Y MELILLA	NO	NO
CANARIAS	Proyecto internacional Aquamac.	Estudio de posibles formas de ahorro.

 Aplicación práctica

La Generalitat de Cataluña pretende instalar una nueva red de suministro de agua en un edificio de su propiedad que se encuentra en una población que carece de un reglamento de suministro de agua potable propio. ¿Qué elementos de reducción de consumo debería proponer para instalar en dicha red si le encargaran esta remodelación?

SOLUCIÓN

Al ser el edificio propiedad de la Generalitat, hay que tener en cuenta que la obra se encuentra bajo el amparo de la Instrucción 1/2023, de 18 de diciembre, del director general del Patrimonio de la Generalitat de Catalunya relativa al régimen jurídico y competencias patrimoniales para ahorrar agua en los edificios públicos, a través de un uso eficiente de las instalaciones, se habrá de asegurar la colocación de grifos de bañeras, duchas, bidés, lavabos, fregaderos e inodoros, que dispongan de algún distintivo reconocido por el que quede oportunamente garantizado el ahorro de agua sin especificar cuáles exactamente.

Continúa en página siguiente >>

<< Viene de página anterior

Para concretar cuáles serían estas medidas, se analiza el CTE, el cual, en la sección HS4, detalla los elementos de diseño en las instalaciones para cumplir con el objetivo de ahorro de agua en edificios de uso público:

- Grifos con aireadores.
- Grifería termostática.
- Grifos con sensores infrarrojos.
- Grifos con pulsador temporizador.
- Fluxores y llaves de regulación antes de los puntos de consumo.

 **Actividades**

2. Comprobar la legislación actual en materia de uso eficiente del agua de la comunidad autónoma donde resida o trabaje y compararla con las medidas que aparecen al efecto en el CTE para ver cuáles son los elementos diferenciadores y comunes. En caso de no haber en su comunidad legislación al respecto, hágalo con la que sí tenga y que le resulte más cercana.

3.2. Ordenanzas municipales

Como se ha comentado, las competencias en materia de abastecimiento de agua a las poblaciones han sido, a lo largo de la historia reciente, un servicio atribuido a las competencias del municipio, limitándose la competencia municipal en relación con la gestión del agua, de acuerdo con la Ley 7/1985 reguladora de las Bases del Régimen Local, a la prestación de los servicios de abastecimiento de agua y tratamiento de las aguas residuales.

En el artículo 45 de la Constitución española se reconoce el derecho de la ciudadanía a disfrutar de un medio ambiente adecuado para el desarrollo de la persona, así como el deber de conservarlo. Asimismo, se otorga a los poderes públicos la función de velar por una utilización racional de todos los recursos naturales con el fin de proteger y mejorar la calidad de la vida y defender y restaurar el medio ambiente, apoyándose en la indispensable solidaridad colectiva. En la misma senda se encuentra la Directiva de la Unión Europea 2000/60/CE, de 23 de octubre de 2000, por la que se establece un marco comunitario de actuación en el ámbito de la política del agua, así como la necesidad de velar por la protección de los ecosistemas acuáticos y promover el uso sostenible del agua a largo plazo.

En este escenario normativo, las ordenanzas municipales son un instrumento de valiosa utilidad para una óptima gestión del agua, no limitándose a aspectos puramente competenciales de los entes locales (abastecimiento, saneamiento y calidad de las aguas), sino que entran a regular todas las actividades que inciden en el consumo y la calidad de las aguas. Por tanto, los ayuntamientos pueden adoptar ordenanzas sobre aspectos que no están regulados por el Estado o por la comunidad autónoma a la que pertenezcan. En el caso de que exista regulación, pueden adoptar medidas más restrictivas sin oponerse a la norma de rango superior. Mediante ordenanzas municipales se pueden regular, por ejemplo, los usos de recursos hídricos alternativos e incentivar las buenas prácticas sobre el uso eficiente.

En España disponen de ordenanzas aprobadas sobre el uso eficiente el agua, de forma más destacada, los municipios de:

- **La red de ciudades y pueblos hacia la sostenibilidad de la Diputación de Barcelona:** en la que los 249 municipios de la provincia de Barcelona acatan una ordenanza tipo con medidas de uso eficiente del agua.
- **Ciudad de Zaragoza:** tiene aprobada una ordenanza municipal para la ecoeficiencia y la calidad de la gestión integral del agua.
- **Ciudad de Madrid:** tiene aprobada una Ordenanza de Gestión y Uso Eficiente del Agua en la Ciudad de Madrid.
- **Otros municipios destacados:** Jaén, Getafe, Alcobendas, Castro Urdiales, Camargo, Segovia, San Cristóbal de Segovia, Sant Cugat del Vallès, Collado Villalba, Plasencia, Ciempozuelos, Puente Genil, Huércal Olvera.

Ordenanza Tipo de Uso y Gestión Sostenible del Agua

Hay que destacar que, de manera global, la Federación Española de Municipios y Provincias (FEMP) ha elaborado la *Guía para el desarrollo de normativa local en la lucha contra el cambio climático* que incorpora criterios de ahorro en estos ámbitos y persigue alcanzar los siguientes objetivos: fomentar la reducción y garantizar el control del consumo de agua en el municipio, promover y regular la utilización de recursos hídricos alternativos para aquellos usos que no requieran agua potable e implantar medidas de ahorro de agua en las instalaciones y los servicios de titularidad municipal, prestando especial atención a los parques y jardines.

Las características más destacadas en materia de ahorro y uso eficiente de agua de la citada ordenanza recogidas en el capítulo 5: *Normativa sobre gestión sostenible del agua,* son las siguientes:.

Artículo 2: ámbito de aplicación

Se contemplan los siguientes:

- Nuevas edificaciones y construcciones, incluyendo las sometidas a rehabilitación o reforma integral, o cambio de uso de la totalidad o parte del edificio o construcción existente.
- Edificaciones y construcciones existentes de titularidad pública.
- Zonas verdes (parques y jardines).
- Fuentes, estanques e instalaciones hidráulicas ornamentales.
- Piscinas de nueva construcción o sometidas a reforma.
- Instalaciones industriales de lavado.

Artículo 6: sistemas de ahorro de agua

Se establecen los siguientes mecanismos de ahorro de agua:

- Contadores individuales.
- Reguladores de presión de entrada de agua.
- Mecanismos reductores de caudal en grifos y duchas.
- Temporizadores en grifos.
- Mecanismos para cisternas de urinarios e inodoros.

Esquema grifería monomando

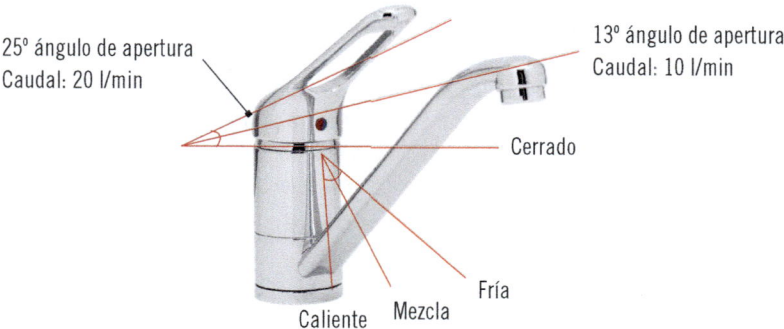

25º ángulo de apertura
Caudal: 20 l/min

13º ángulo de apertura
Caudal: 10 l/min

Cerrado

Fría

Caliente   Mezcla

Además, también se establecen las siguientes medidas de ahorro de agua:

- Aprovechamiento del agua de lluvia en todas las construcciones y las edificaciones que cuenten con zonas verdes o comunes a las que sea aplicable esta ordenanza.
- Reutilizadores del agua sobrante de piscinas. En aquellas piscinas existentes en las construcciones y las edificaciones a las que sea aplicable esta ordenanza cuya superficie de lámina de agua sea superior a los 30 m².
- Medidas de ahorro de agua en los procesos de limpieza. En las instalaciones y los procesos industriales de lavado como lavanderías y lavacoches, entre otros, se establecerán sistemas de reutilización del agua.
- Sistemas de ahorro de agua en riego de zonas verdes.

La ordenanza tipo se desarrolla de forma bastante completa en toda su extensión y sus anexos. Es una herramienta muy útil que aglutina las medidas y los sistemas básicos de ahorro y uso eficiente de agua que podrían aplicarse al conjunto de los municipios del territorio español, aunando de esta forma esfuerzos hacia un objetivo común y prioritario como es el ahorro de agua. Como aportación a la ordenanza se podría hacer algo más de hincapié en recordar y fomentar prácticas de uso responsable del agua.

Actividades

3. Comprobar la ordenanza municipal de agua de la localidad en la que viva. Observar qué elementos contiene y la relación que existe entre esta y la ordenanza tipo redactada por la FEMP. En caso de no existir, buscar la del municipio más cercano que sí tenga ordenanza municipal con medidas de eficiencia en el uso de agua.

4. Pliegos de prescripciones técnicas

Como se ha visto anteriormente, los municipios tienen la competencia de la gestión del agua. En la actualidad, existen en España diversas formas de gestión del agua: la gestión directa desde el propio ayuntamiento, o a través de una concesión a empresas privadas o públicas, que pueden estar integradas en mancomunidades (como es el caso de la Mancomunidad de Municipios de Aguas del Bierzo en León) y consorcios (como el Consorcio del Plan Écija en la zona de la campiña sevillana), o directamente dependientes de las comunidades autónomas (como el Canal de Isabel II en la Comunidad de Madrid) o de los ayuntamientos (EMIVASA en Valencia), pero siempre mediante convenios suscritos con estos.

Los pliegos de prescripciones técnicas son los documentos de carácter legal y contractual que tienen los municipios para proceder a la concesión de los servicios de abastecimiento y saneamiento. Dichos pliegos recogen las características que debe tener el contrato de dicho suministro entre la empresa adjudicataria del servicio y el ayuntamiento, así como las características del servicio prestado desde varios puntos de vista:

- Definiciones del servicio prestado.
- Obligaciones del organismo público.
- Obligaciones de la empresa concesionaria.
- Prescripciones técnicas para posibles obras en la red de abastecimiento e instalaciones.

■ Relaciones con el abonado y las prescripciones administrativas, tales como el precio y la forma de cobro de las facturas y los derechos y las obligaciones del abonado.

En este último punto es donde se podrían incluir medidas de adopción en la línea del ahorro y el uso eficiente del agua. No obstante, debido al carácter relativamente novedoso que tienen estas medidas de ahorro y uso eficiente de agua, aún existe, como se ha visto, un pequeño vacío legal que poco a poco se va cubriendo en la diferente normativa, pero que raramente se está aplicando en estos documentos.

Las administraciones públicas deben tener en cuenta a la hora de elaborar los pliegos las diferentes figuras legislativas en materia de ahorro y eficiencia en el uso del agua que se han analizado. Los técnicos redactores de pliegos de proyectos de edificación de carácter privado, así como los colegios oficiales de técnicos implicados en el proceso, deben también implicarse en el proceso para que estas medidas a implantar se vayan incluyendo desde la fase de proyecto, puesto que para conseguir el objetivo marcado en materia de eficiencia y ahorro en el uso del agua por la normativa será necesaria una implicación de todos los sectores intervinientes.

 Actividades

4. De ser el encargado de asesorar a una empresa de instalaciones de suministros de agua, ¿qué cualidades debería incluir el pliego de prescripciones técnicas de un proyecto de remodelación de un edificio de viviendas en el Principado Asturias sobre los aparatos sanitarios?

5. Reglamentos de suministro de agua

Dichos reglamentos son documentos de carácter legal que establecen las características del suministro del agua a la zona en la que sean de aplicación y parten de los organismos responsables de la gestión del abastecimiento. Son medidas legales definitorias de las características y las formas en que se efectuará el abastecimiento del agua en la población o comarca de su ámbito de aplicación. Constituyen un paso más en profundidad a nivel práctico en cuanto a la regulación del suministro con respecto a las ordenanzas municipales de agua de una población o comarca.

Los reglamentos pueden ser de suministro de agua exclusivamente o abarcar el proceso del ciclo del agua al completo; véase: abastecimiento, saneamiento, depuración y vertido. En las principales ciudades de España se encuentran redactados y aprobados reglamentos de suministro, entre las que destacan:

- **Ciudad de Barcelona:** Reglamento del servicio metropolitano del ciclo integral del agua, que regula la prestación del servicio público de abastecimiento de agua y la tarifa del servicio de suministro de agua a los municipios del ámbito territorial de la Área Metropolitana de Barcelona. De aplicación en la ciudad condal y su zona metropolitana y regulado por la empresa Aigües de Barcelona (filial del grupo AGBAR).
- **Ciudad de Sevilla:** el reglamento coincide con el Reglamento del suministro domiciliario de agua en Andalucía, modificado por el Decreto 327/2012, de 10 de julio, por el que se modifican diversos decretos para su adaptación a la normativa estatal de transposición de la directiva de servicios. De aplicación en la ciudad de Sevilla y su zona metropolitana y regulado por la empresa municipal Emasesa.
- **Ciudad de Valencia:** Reglamento del servicio de abastecimiento de agua potable de la Ciudad de Valencia. De aplicación en la ciudad de Valencia y regulado por la empresa EMIVASA (filial del Grupo Aguas de Valencia).
- **Ciudad de Madrid:** tiene cedidas las competencias sobre regulación del suministro de agua a la empresa pública de carácter autonómico Canal de Isabel II, el cual se rige por el Decreto 137/1985, de 20 de diciembre, por el que se aprueba el Reglamento sobre régimen económico y financiero del abastecimiento y saneamiento del agua en la Comunidad de Madrid.
- **Bilbao:** las competencias están asumidas por el Consorcio de Aguas de Bilbao Bizkaia, el cual aplica la ordenanza reguladora del servicio de abastecimiento de agua y saneamiento a los usuarios del Consorcio de Aguas Bilbao Bizkaia.

Los reglamentos pueden incluir, al igual que los pliegos, medidas directas o indirectas para fomentar el ahorro y la eficiencia en el consumo de agua, como es el caso del Reglamento del suministro domiciliario de agua potable de Molina de Segura (Murcia).

Ejemplo

El Reglamento del suministro domiciliario de agua potable de Molina de Segura (Murcia) dispone, además de todas las medidas preceptivas que suelen incluir los reglamentos de este tipo, medidas para conseguir ahorro en el consumo; concretamente, en el artículo 21 se indican las medidas de ahorro a tomar en viviendas de nueva construcción, en locales de pública concurrencia, en obras en viviendas existentes, etc., las cuales están basadas en el CTE y en la Ley 6/2006, de 21 de julio, sobre incremento de las medidas de ahorro y conservación en el consumo de agua en la Comunidad Autónoma de la Región de Murcia.

Actividades

5. Comprobar el reglamento de suministro de la localidad en la que se viva. Observar qué elementos contiene y la relación que existe entre esta y alguna ley sobre ahorro de agua que haya en esa comunidad autónoma o con la ordenanza municipal que exista en esa localidad sobre el ahorro de agua. En caso de no haber en ese municipio, buscar la localidad más cercana donde exista reglamento del suministro de agua.

Aplicación práctica

Es el encargado de diseñar una nueva red de suministro en un centro educativo en la ciudad de Murcia. ¿Qué elementos de reducción de consumo debería proponer para instalar en dicha red?

SOLUCIÓN

Lo primero que debe tenerse en cuenta es la normativa a aplicar. Al encontrarse en la Región de Murcia, debe cumplirse el CTE y la Ley 6/2006, de 21 de julio, sobre el incremento de las medidas de ahorro y conservación en el consumo de agua en la Comunidad Autónoma de la Región de Murcia. La redacción de estos documentos es coherente y entre ellos existe relación lógica en el cumplimiento de las medidas a implantar. Por tanto, se pueden seguir las directrices de dicha ley para acometer con seguridad el diseño de la nueva red.

Según el artículo 3 de esta ley se procederá a adoptar las medidas preceptivas que se indican para locales de pública concurrencia, como son:

- Instalar temporizadores o cualquier otro mecanismo similar de cierre automático que dosifique el consumo de agua, limitando las descargas a 1 litro de agua, en los grifos de los aparatos sanitarios de uso público.
- En las duchas y las cisternas de los inodoros será de aplicación lo establecido en el artículo 2 para el caso de viviendas de nueva construcción, lo que significa que:

  - El mecanismo de las duchas incluirá economizadores de chorro o similares o mecanismo reductor de caudal.
  - El mecanismo de adición de la descarga de las cisternas de los inodoros limitará el volumen de descarga a un máximo de 7 litros y dispondrá de la posibilidad de detener la descarga o de un doble sistema de descarga para pequeños volúmenes.

6. Exigencias sanitarias y de consumo

A continuación se exponen las características más importantes que debe tener el agua para su consumo humano en España, así como de los productos que se empleen para su manipulación antes de llegar al consumidor final.

6.1. Exigencias sanitarias de consumo humano

En el CTE se establecen las condiciones de diseño, mantenimiento, elementos y equipos de las instalaciones del agua de consumo con el fin de que no se altere la calidad de esta y se cumplan los criterios del Real Decreto 3/2023, de 10 de enero, por el que se establecen los criterios sanitarios de la calidad del agua de consumo, su control y suministro, el cual establece las exigencias sanitarias principales a la hora de calificar el agua de consumo humano, siendo su objetivo principal el siguiente:

El Real Decreto 3/2023 tiene por objeto establecer los criterios técnicos y sanitarios de las aguas de consumo y de su suministro y distribución, desde las masas de agua hasta el grifo del usuario, así como el control de su calidad, garantizando y mejorando su acceso, disponibilidad, salubridad y limpieza, con la finalidad de proteger la salud de las personas de los efectos adversos derivados de cualquier tipo de contaminación.

El citado real decreto establece toda una serie de medidas de aplicación en el territorio español para garantizar la calidad del suministro de agua para el consumo humano.

Como medidas más importantes destacan:

- **Responsabilidades y competencias:** los municipios o las entidades gestoras encargadas del suministro a una población son los responsables del agua que se consume. El usuario normal en una edificación es el responsable de mantener la instalación interior a efectos de evitar modificaciones de la calidad del agua de consumo humano desde la acometida hasta el grifo.
- **Criterios de calidad del agua de consumo humano:** el agua de consumo humano deberá ser salubre y limpia.

A efectos de este Real Decreto, un agua de consumo humano será salubre y limpia cuando no contenga ningún tipo de microorganismo, parásito o sustancia, en una cantidad o concentración que pueda suponer un riesgo para la salud humana, y cumpla con los requisitos especificados en las partes A y B del anexo I (de este RD 140/2003).

- **Depósitos y cisternas para el agua de consumo humano:** los depósitos públicos o privados, fijos o móviles, de instalaciones interiores y cisternas para agua de consumo humano deberán estar fabricados con productos que no transmitan al agua de consumo humano sustancias o propiedades que contaminen o empeoren su calidad o que supongan un riesgo para la salud de la población abastecida. Todo depósito de una instalación interior deberá situarse en una cota superior al nivel del alcantarillado, estando siempre tapado y dotado de un desagüe que permita su vaciado total, limpieza y desinfección.
- **Distribución del agua de consumo humano:** las redes de distribución, ya sean públicas o privadas, dispondrán de mecanismos adecuados que permitan su aislamiento por sectores para poder aislar áreas ante situaciones anómalas y de sistemas que permitan el purgado por sectores para proteger a la población de posibles riesgos para la salud.

Definición

Manipulación de agua potable
Es toda aquella operación relacionada con la aducción, el tratamiento, el almacenaje y la distribución.

Manipulador de agua potable
Toda aquella persona que trabaje en algunas de las tareas relacionadas con la manipulación de agua potable, como pueden ser: operarios de plantas potabilizadoras, encargados de mantenimiento de plantas de tratamiento o de redes públicas o privadas, encargados de realizar análisis, etc.

La lista de sustancias autorizadas para la desinfección del agua de consumo humano que aparece en el Real Decreto 902/2018 se ha actualizado en varias ocasiones, deberán cumplir lo establecido en el Reglamento (UE) n.º 528/2012 del Parlamento Europeo y del Consejo, de 22 de mayo de 2012, relativo a la comercialización y el uso de los biocidas, para Tipo de Producto 5 (PT5).

Recogida de agua en mal estado aparente para análisis

 **Importante**

Cuando se realice cualquier actividad de mantenimiento que pueda suponer un riesgo de contaminación del agua de consumo humano, o antes de la puesta en funcionamiento de una instalación, se llevará a cabo un lavado o desinfección del tramo afectado con las sustancias que cumplen con las condiciones establecidas en el Reglamento (UE) n.º 528/2012 del Parlamento Europeo y del Consejo, de 22 de mayo de 2012.

6.2. Exigencias de consumo para reutilización

Las exigencias sanitarias principales a la hora de reutilizar aguas residuales las establece el Real Decreto 1620/2007, de 7 de diciembre, por el que se establece el régimen jurídico de la reutilización de las aguas depuradas. En este real decreto se indican los usos a los que se puede destinar este tipo de aguas y cuáles son los usos que están estrictamente prohibidos, como el uso para consumo humano salvo situaciones de declaración de catástrofe en las que la autoridad sanitaria especificará los niveles de calidad exigidos a dichas aguas. Asimismo, detalla las calidades de las aguas regeneradas según el uso que vayan a tener.

Actividades

6. Pensar si el agua que se consume en su localidad está acorde con los criterios de calidad que marca el Real Decreto 3/2023. Si no puede valorar este hecho, poner una nota del 1 al 10 a la calidad del agua que se consume de la red general de abastecimiento en comparación con la de otra zona que se conozca y que tenga calidad diferente.

7. Resumen

En este capítulo se ha aportado un conocimiento general de las distintas formas legislativas que existen en España sobre materia de aguas y, en concreto, sobre ahorro y eficiencia hidráulica en el consumo.

Se han abordado las diferentes figuras legislativas, en orden decreciente, según el ámbito de aplicación en el territorio español, el cual se puede reflejar en el siguiente esquema:

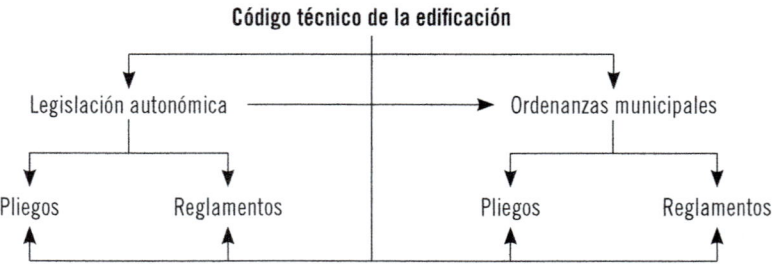

Habiendo analizado la situación legal en la que se encuentra el ahorro de agua, las medidas de uso eficiente y las prácticas necesarias para ello, se puede afirmar que existe un vacío legal en el CTE, ya que no abarca todos los aspectos que una normativa de ámbito nacional debería incluir sobre dicha casuística. Dicho vacío se cubre en algunas comunidades autónomas y a escala local mediante leyes y decretos y ordenanzas municipales, respectivamente.

Existe un proyecto de ordenanza municipal sobre abastecimiento de agua que podría unificar bastantes criterios sobre dichos aspectos.

Asimismo, se han analizado otros documentos de carácter contractual como son los pliegos de prescripciones técnicas de regulación de los suministros de agua.

Se han estudiado los aspectos más importantes de las exigencias de consumo y de sanidad que requieren las instalaciones de suministro de agua potable.

Ejercicios de repaso y autoevaluación

1. **De las siguientes afirmaciones, indique cuál es verdadera o falsa.**

    a. El documento básico de salubridad DB HS se compone de cuatro secciones.

        ☐ Verdadero
        ☐ Falso

    b. Islas Baleares, Aragón, Cataluña y Andalucía son comunidades en las que existe legislación autonómica en materia de ahorro y eficiencia en el consumo de agua.

        ☐ Verdadero
        ☐ Falso

    c. Un reglamento de suministro de agua recoge las medidas legales definitorias de las características y las formas en que se efectuará el abastecimiento de agua a una población o zona determinada.

        ☐ Verdadero
        ☐ Falso

2. **Relacione cada término con su contenido correspondiente.**

    a. CTE.
    b. Parte I CTE.
    c. Parte II CTE.

    ___ Disposiciones y condiciones generales de aplicación del CTE.
    ___ Exigencias en relación con los requisitos básicos de seguridad y habitabilidad.
    ___ Documentos básicos para el cumplimiento de las exigencias básicas del CTE.

3. Indique los elementos de diseño que marca el CTE a incluir en las instalaciones de agua para cumplir con los objetivos de ahorro de agua en edificios públicos.

_____
_____
_____
_____
_____
_____
_____

4. Encuentre en la sopa de letras cinco figuras legislativas.

P	O	L	E	P	S	U	M	I	N	A
A	R	E	G	L	A	M	E	N	T	O
L	D	R	E	I	U	C	T	O	R	S
D	E	C	R	E	T	O	R	I	C	B
C	N	Y	M	G	T	A	D	O	R	A
R	A	M	I	O	Z	U	A	U	S	N
A	N	O	N	O	M	A	N	D	O	E
T	Z	R	A	D	O	R	D	A	S	Y
O	A	O	L	E	A	S	U	O	I	S

5. Indique el tipo de normativa que existe actualmente en la Comunidad de Islas Baleares sobre el ahorro y la eficiencia en el consumo de agua.

_____
_____
_____
_____

6. **El Principado de Asturias tiene aprobada la siguiente figura legislativa sobre el ahorro y la eficiencia en el consumo de agua para todo el territorio de la comunidad autónoma.**

    a. Decreto por el que se establecen medidas de fomento para el ahorro de agua en determinados edificios y viviendas.

    b. Ordenanza Municipal Marco para Ahorro de Agua aplicable a todos los ayuntamientos del Principado.

    c. Ley sobre incremento de las medidas de ahorro y conservación en el consumo de agua.

7. **Enumere los objetivos que persigue la *Guía para el desarrollo de normativa local en la lucha contra el cambio climático* que ha desarrollado la Federación Española de Municipios y Provincias (FEMP).**

_____
_____
_____
_____
_____
_____
_____

8. **¿Cuál de estas opciones corresponde a medidas de ahorro de agua propuestas en la *Guía para el desarrollo de normativa local en la lucha contra el cambio climático* desarrollada por la FEMP?**

    a. Sistema de recirculación de agua en duchas.

    b. Aprovechamiento de agua de lluvia para uso en riego de zonas verdes.

    c. Instalar sistemas de reutilización de agua sobrante en piscinas.

9. **Complete.**

Los pliegos de prescripciones técnicas son los documentos de carácter legal y contractual que tienen los municipios para proceder a la concesión de los servicios de _____ _____ y _____. Dichos pliegos recogen las características que debe tener el contrato de dicho suministro entre la _____ _____ del servicio y el _____, así como las características del _____ prestado.

10. **Relacione cada término de la primera columna con los de la segunda, según lo que ha visto de la** *Guía para el desarrollo de normativa local en la lucha contra el cambio climático* **redactada por la FEMP.**

    a. Medida de ahorro de agua en los procesos de limpieza.
    b. Objetivo.
    c. Mecanismo de ahorro.

    __ Fomentar la reducción y garantizar el control del consumo de agua en el municipio.
    __ Temporizadores en grifos.
    __ Sistemas de reutilización de agua

11. **Complete.**

Los reglamentos pueden ser de _____exclusivamente o abarcar el proceso del _____ al completo; véase: abastecimiento, _____, depuración y _____.

12. **Los reglamentos de suministro de agua no...**

    a. ... son medidas legales definitorias de las características y las formas en que se efectuará el abastecimiento del agua en la población o comarca de su ámbito de aplicación.
    b. ... establecen las condiciones de diseño, mantenimiento, elementos y equipos de las instalaciones del agua de consumo con el fin de que no se altere la calidad de esta.
    c. ... constituyen un paso más en profundidad a nivel práctico, en cuanto a la regulación del suministro, con respecto a las ordenanzas municipales de agua de una población o comarca.
    d. Todas las opciones son incorrectas.

13. **Complete.**

Un agua de consumo humano será _____ y limpia cuando no contenga ningún tipo de _____, parásito o _____ en una cantidad o _____ que pueda suponer un riesgo para la _____ humana.

14. **Relacione cada término de la primera columna con los de la segunda según lo que ha estudiado sobre exigencias sanitarias y de consumo.**

    a. Exigencia sanitaria.
    b. Exigencia técnica.
    c. Exigencia de consumo para reutilización.

    __ Código Técnico de la Edificación.
    __ Real Decreto 140/2003.
    __ Real Decreto 3/2023.

15. **Indique cuál de las siguientes opciones es correcta.**

    a. El agua regenerada se puede usar como agua de consumo humano siempre que esté correctamente depurada.
    b. Todo depósito de una instalación interior deberá situarse en una cota superior al nivel del alcantarillado.
    c. La entidad suministradora es la responsable de la calidad del agua incluso en la red interior de la instalación.
    d. Todas las opciones son incorrectas.

Bibliografía

Monografías

▌ CARNICER Royo, E. y MAINAR, C.: *Instalaciones hidrosanitarias: fontanería y saneamientos.* Madrid: Thomson-Paraninfo, 2004.

▌ FERNÁNDEZ Salgado, J. M.: *Eficiencia energética en los edificios.* Madrid: A. Madrid Vicente Ediciones, 2011.

▌ GALDÓN Trillo, F. y CALVO Villamartín, T.: *Curso de mantenedor de instalaciones de calefacción, climatización y ACS.* Madrid: Ediciones Conaif, 2023.

▌ GARCÍA Valcárcel, A. y DIOS Vieitez, M. J.: *Manual de edificación: evacuación de aguas residuales de los edificios.* Navarra: Universidad de Navarra, 1997.

▌ LOSADA Villasante, A.: *El riego.* Barcelona: Ediciones Mundiprensa, 2009.

▌ MARTÍN Sánchez, F.: *Nuevo manual de fontanería y saneamiento.* Madrid: A. Madrid Vicente Ediciones, 2008.

▌ PÉREZ Huguet, R.: *Certificación medioambiental de edificios.* ENAC018PO. Antequera: IC Editorial, 2024.

▌ SORIANO Rull, A.: *Evacuación de aguas residuales en edificios.* Barcelona: Ediciones Marcombo, 2009.

▌ SORIANO Rull, A.: *Instalaciones de fontanería domésticas y comerciales.* Barcelona: Ediciones Marcombo, 2008.

‖ SORIANO Rull, A. y PANCORBO, F.: *Suministro, distribución y evacuación interior de agua sanitaria.* Barcelona: Ediciones Marcombo, 2012.

‖ VARIOS: *Enciclopedia de fontanería: Materiales, elementos e instalaciones.* Barcelona: Ediciones CEAC, 2009.

‖ VÁZQUEZ Moreno, J. y HERRANZ Aguilar, J. C.: *Manual práctico de instalaciones en edificación. I Instalaciones hidráulicas: fontanería, saneamiento y protección contra incendios.* Madrid: Ediciones Liteam, 2005.

Legislación

‖ Directiva 2000/60/CE del Parlamento Europeo y del Consejo, de 23 de octubre, por la que se establece un marco comunitario de actuación en el ámbito de la política de aguas.

‖ Ley 10/2014, de 27 de noviembre, de Aguas y Ríos de Aragón.

‖ Ley 9/2010, de 30 de julio, de Aguas de Andalucía.

‖ Ley 6/2006, de 21 de julio, sobre incremento de las medidas de ahorro y conservación en el consumo de agua en la Comunidad Autónoma de la Región de Murcia.

‖ Ley 10/2001, de 5 de julio, del Plan Hidrológico Nacional.

‖ Ley 38/1999, de 5 de noviembre, de Ordenación de la Edificación.

‖ Ley 31/1995, de 8 de noviembre, de Prevención de Riesgos Laborales.

‖ Ley 7/1985, de 2 de abril, reguladora de las Bases del Régimen Local.

‖ Real Decreto-Ley 11/1995, de 28 de diciembre, por el que se establecen las normas aplicables al tratamiento de las aguas residuales urbanas.

‖ Real Decreto Legislativo 1/2001, de 20 de julio, por el que se aprueba el Texto Refundido de la Ley de Aguas.

▌Real Decreto 49/2023, de 24 de enero, por el que se aprueba el Plan Hidrológico de la Demarcación Hidrográfica de las Illes Balears.

▌Real Decreto 3/2023, de 10 de enero, por el que se establecen los criterios técnico-sanitarios de la calidad del agua de consumo, su control y suministro.

▌Real Decreto 809/2021, de 21 de septiembre, por el que se aprueba el Reglamento de equipos a presión y sus instrucciones técnicas complementarias.

▌Real Decreto 902/2018, de 20 de julio, por el que se modifican el Real Decreto 140/2003, de 7 de febrero, por el que se establecen los criterios sanitarios de la calidad del agua de consumo humano, y las especificaciones de los métodos de análisis del Real Decreto 1798/2010, de 30 de diciembre, por el que se regula la explotación y comercialización de aguas minerales naturales y aguas de manantial envasadas para consumo humano, y del Real Decreto 1799/2010, de 30 de diciembre, por el que se regula el proceso de elaboración y comercialización de aguas preparadas envasadas para el consumo humano.

▌Real Decreto 513/2017, de 22 de mayo, por el que se aprueba el Reglamento de instalaciones de protección contra incendios.

▌Real Decreto 238/2013, de 5 de abril, por el que se modifican determinados artículos e instrucciones técnicas del Reglamento de Instalaciones Térmicas en los Edificios, aprobado por Real Decreto 1027/2007, de 20 de julio.

▌Decreto 327/2012, de 10 de julio, por el que se modifican diversos decretos para su adaptación a la normativa estatal de transposición de la Directiva de Servicios.

▌Real Decreto 1620/2007, de 7 de diciembre, por el que se establece el régimen jurídico de la reutilización de las aguas depuradas.

▌Real Decreto 314/2006, de 17 de marzo, por el que se aprueba el Código Técnico de la Edificación.

▌Real Decreto 842/2002, de 2 de agosto, por el que se aprueba el Reglamento electrotécnico para baja tensión.

Decreto 181/2018, de 26 de diciembre, por el que se aprueba el Reglamento de Planeamiento de Canarias.

Decreto 21/2006, de 14 de febrero, por el que se regula la adopción de criterios ambientales y de ecoeficiencia en los edificios (DOGC, de 16 de febrero de 2006).

Decreto 202/1998, de 30 de julio, por el que se establecen medidas de fomento para el ahorro de agua en determinados edificios y viviendas.

Decreto 120/1991, de 11 de junio, por el que se aprueba el Reglamento del Suministro Domiciliario de Agua.

Instrucción 1/2023, de 18 de diciembre, del director general del Patrimonio de la Generalitat de Catalunya relativa al régimen jurídico y competencias patrimoniales para ahorrar agua en los edificios públicos, a través de un uso eficiente de las instalaciones

Ordenanza Municipal Marco para Ahorro de Agua, Principado de Asturias aprobada en mayo de 2006.

Textos electrónicos, bases de datos y programas informáticos

Aguas de Valencia, de: <https://www.aguasdevalencia.es>.

Aguas residuales, de: <https://www.aguasresiduales.info>.

Aqualia, de: <https://www.aqualia.com/es/>.

Ayuntamiento de Madrid, de <https://www.madrid.es>.

Blog del agua, de: <https://blogdelagua.com>.

Canal de Isabel II Ente Público, de: <https://www.cyii.es>.

Confederación Nacional de Asociaciones de Empresas Instaladoras y Mantenedoras de Energía y Fluidos, de: <https://www.conaif.es>

▌ Consorcio de Aguas Bilbao Bizkaia, de: <https://www.consorciodeaguas.eus>.

▌ Detectar, Ingeniería del agua, de: <https://detectarsa.es>.

▌ Empresa Metropolitana de Abastecimiento y Saneamiento de Aguas de Sevilla, de: <https://www.emasesa.com>.

▌ Empresa Municipal Aguas de Málaga, de: <https://www.emasa.es>.

▌ Fundación Ecología y Desarrollo, de: <https://ecodes.org>.

▌ Fundación Nueva Cultura del Agua, de: <https://fnca.eu>.

▌ Guía para el Desarrollo de Normativa Local en la Lucha contra el Cambio climático, de: <https://redciudadesclima.es/sites/default/files/2020-06/2257cbeccc2c6fab50da7 853fcf9feff.pdf>.

▌ iagua, de: <https://www.iagua.es>.

▌ Ministerio para la transición ecológica y el reto demográfico, de: <https://www.miteco.gob.es/es/agua/legislacion.html>.